KB218708

하나님의 속성

하나님의 속성

지은이 조엘 R. 비키, 브라이언 코스비
옮긴이 이제롬
초판 발행 2022. 7. 25.
등록번호 제2018-000357호
등록된 곳 서울특별시 강남구 선릉로107길 15, 202호
발행처 개혁된실천사
전화번호 02)6052-9696
이메일 mail@dailylearning.co.kr
웹사이트 www.dailylearning.co.kr

책값은 뒤표지에 있습니다.
ISBN 979-11-89697-34-1 03230

31일간의 묵상

하나님

None Else

Joel R. Beeke and Brian Cosby

조엘 R. 비키, 브라이언 코스비 지음

이제롬 옮김

개혁된실천사

목차

하나님을 경외하는 참으로 특별한 며느리와 사위들인
로라 비키, 제임스 앵웰스마, 아이작 앱에게,
메리와 나는 그리스도 예수 안에서 커다란 사랑을 전한다.
너희들과 손주들은 우리와 우리 아들, 딸에게
큰 축복이기에 참으로 감사한다.

"내가 내 자녀들이 진리 안에서 행한다 함을 듣는 것
(그리고 알고 보는 것)보다 더 기쁜 일이 없도다"(요삼 4절).

-조엘 R. 비키

웨이사이드 장로교회(PCA)를 섬기는
복된 사명을 함께 감당해 나가는 목사들인
찰스 배럿과 닉 뱃직에게,
그리스도를 닮은 모범과 우정을 보여주고
복음 사역에 용기를 불어넣어준 것에 대해
진심으로 감사의 마음을 전합니다.

"그러므로 우리가 이 직분을 받아
긍휼하심을 입은 대로 낙심하지 아니하고"(고후 4:1).

-브라이언 코스비

1

서론 : 하나님의 성품 묵상

이 책의 목적은 참된 그리스도인들이 하루에 한 장씩 한 달 동안 읽으면서 하나님의 완전하신 성품과 속성에 대해 묵상하게 인도함으로써 그들의 지각이 새로워지고, 애정(affections)이 뜨거워지며, 믿음의 자양분을 얻게 하는 것이다. 세상에는 하나님을 사랑하는 참 신자의 시간을 빼앗고 그들의 일상을 정신 없이 바쁘게 만들어 삼위 하나님을 묵상하는 시간을 갖지 못하게 하는 유혹거리들이 정말로 많이 있다.

그 중에는 우리의 삶에서 사실상 하나님의 자리를 차지하는 것들이 있다. 곧 우리의 지각과 마음을 창조주에게서 떼어내어 피조물에게로 향하게 하는 우상들이다.

그러나 "여호와는 하나님이시요 그 외에는 다른 신이 없음을 알라"고(신 4:35) 하나님은 우리에게 요청하신다. 베드로는 예수님께 "주여 영생의 말씀이 주께 있사오니 우리가 누구에게로 가오리이까?"(요 6:68)라는 수사학적 질문을 던졌다. 우리는 다른 누구에게도 갈 수 없다. 그런데 이 하나님은 도대체 어떤 분이시며, 우리는 그분이 만군의 주 여호와이심을 어떻게 "알 수" 있는가?

이러한 질문들에 답하는 것이 이 책의 목표다.

이 책을 통해 여러분이 살아 계신 하나님에게 생각을 집중하고 사랑을 바치게 되고, 하나님의 완전하신 성품으로 말미암아 하나님을 향한 보다 큰 갈망과 사랑이 생겨나고, 그분의 여러 가지 속성 안에서 예수 그리스도의 복음이 분명하게 드러나길 간절히 바란다. "능히 너희를 보호하사 거침이 없게 하시고 너희로 그 영광 앞에 흠이 없이 기쁨으로 서게 하실 이, 곧 우리 구주 홀로 하나이신 하나님께 우리 주 예수 그리스도로 말미암아 영광과 위엄과 권력과 권세가 영원 전부터 이제와 영원토록 있을지어다 아멘"(유 24-25절).

하나님의 말씀을 묵상하는 것은 그리스도인의 삶에서 가장 큰 유익을 주며, 믿음을 북돋아주는 훈련 중의 하나이다. 그것을 통해 신자는 하나님과 더 깊은 교제 가운데 들어가게 되고 갈급한 영혼에 만족을 누리게 된다. 묵상은 하나님의 말씀 위에 계속해서 머물며 그것을 곱씹으면서, 마치 야곱이 천사와 씨름했던 것처럼 말씀에서 약속된 복을 받고 말씀의 진리에서 자양분을 얻을 때까지 말씀과 씨름하는 일이다.

이 책은 하나님의 성품과 속성에 대한 묵상거리를 제공함으로써, 성령님의 은혜를 힘입어 구원의 반석이신 분에 대한 여러분의 지식과 사랑이 자라가도록 돕는 것을 목적으로 한다. 하나님의 말씀의 보화로 인도하는 묵상집들이 시중에 많이 나와 있지만, 이 책은 특별히 하나님의 완전하심을 여러 각도에서 보여줌으로써 성령으로 지각이 새롭게 되고, 마음이 변화되며, 예수 그리스도를 닮게 되는 계기를 제공하고자 한다.

우리는 각각의 속성에 대하여 아래와 같은 내용들을 순서대로 살펴볼 것이다. 이를 통해 여러분은 하나님과의 더 깊은 관계로 들어갈 수 있을 것이다.

- 묵상 본문
- 기도
- 성경적 관점
- 생각해볼 질문
- 더 깊은 탐구

위의 항목들은 참되고 살아 계신 하나님과 그분의 은혜를 바라보게 돕는 일종의 방향지시등에 해당한다.

각 장마다 관련 성경 구절 전체를 실어서, 하나님의 성품을 묵상하고 공부할 때 편리하게 참고할 수 있게 하였다. 그렇지만 자신의 성경책을 옆에 두고 다양한 참고 구절들을 찾아보고 앞뒤의 문맥을 읽어볼 것을 추천한다. 또한 성경 구절을 읽을 때는 단어 하나하나에 주의를 기울일 뿐 아니라 전체적인 의미를 함께 생각하면서 천천히, 집중해서 읽을 것을 권한다. 사실 각 날짜의 묵상을 할 때는 해당 본문을 여러 번 소리 내어 읽는 것이 가장 좋다.

묵상을 시작하기 전에 기도를 하면 이 일의 기쁨과 특권에 대해 마음을 새롭게 가다듬을 수 있다. 각 장의 기도문은 본문 말씀에서 가져온 것이다. 이를 통해 하나님의 절대적인 능력과 지혜와 사랑을 되새기게 해주고, 참 신자인 여러분이 하늘 아버지이신 그분께 절대적으로 의존하는 존재라는 것을 다시금 되새기게 해준다. 배우고자 하는 온유한 마음을 허락해주시길 기도하라. 교훈과 용기, 그리고 도전과 변화를 얻게 해달라고 기도하라. 기도는 오직 예수 그리스도를 묵상함을 통해서만 가능하다. 히브리서 기자는 이렇게 권면한다. “그러므로 형제들아 우리가 예수의 피를 힘입어 성소에 들어갈 담력을 얻었나니 그 길은 우리를 위하여 휘장 가운데로 열어 놓으신 새로운 살 길이요 휘장은 곧 그의 육체니라 또 하나님의 집 다스리는 큰 제사장이 계시매 우리가 마음에 뿌림을 받아 악한 양심으로부터 벗어나고 몸은 맑은 물로 씻음을 받았으니 참 마음과 온전한 믿음으로 하나님께 나아가자”(히 10:19-22).

그뿐 아니라 우리는 자신이 하나님 앞에 의로운 자로 서 있다는 사실을 온전히 확신하면서 기대하는 마음으로 기도해야 한다. 믿음으로 우리의 죄는 그리스도께 돌려졌고(죄의 전가), 그분의 의로움은 우리에게 돌려졌기(의의 전가) 때문에 우리는 거룩하고 의로우신 하나님 앞에 “무죄” 선언을 받았다. 이것이 바로 오직 믿음으로 말미암는 칭의의 교리이다. 그러므로 우리는 찬양, 죄의 고백, 도고, 감사, 간구의 기도를 하면서 하나님의 임재 안으로 들어갈 수 있다.

‘성경적 관점’이라는 항목은 그 장에서 탐구하는 하나님의 속성과 관련된 성경적, 역사적, 신학적 배경을 설명하는 부분이며, 해당 속성 안에서 발견되는 진리와 관련하여 여러분이 생각해야 할 것들을 안내해준다. 또한 각각의 속성이 예수 그리스도의 복음과 어떻게 연관되는지도 보여줄 것이다.

예수님이 친히 모든 성경은 그분 자신과 그분이 하신 일을 가리킨다고 말씀하셨다. 예수님은 부활하신 후에 엠마오로 가는 길 위에서 동행하는 이들에게 모든 성경은 자신을 가리킨다고 말씀하셨다. 이에 대해 누가는 "이에 모세와 모든 선지자의 글로 시작하여 모든 성경에 쓴 바 자기에 관한 것을 자세히 설명하시니라"(눅 24:27)라고 기록하였으며, 사도 바울은 고린도후서 1장 20절에서 "하나님의 약속은 얼마든지 그리스도 안에서 예가 되니"라고 말한다. 실로 하나님의 말씀은 주로 성육하신 하나님의 말씀(요 1:1), 예수 그리스도에 관한 것이다.

'생각해볼 질문'은 각 장에서 말하는 하나님의 성품이 여러분의 일상에 어떻게 관련되는지 생각해볼 수 있도록 덧붙인 것이다. 이 부분은 여러분의 습관, 생각, 감정, 기타 행동들에 대해 깊이 들여다볼 수 있는 매우 실천적인 질문을 던진다. 질문 아래에는 빈 칸을 두어, 거기에 여러분의 생각을 적을 수 있게 함으로써 다른 이들과 생각을 나누는 데 도움이 되게 하였다. 이처럼 하나님의 속성에 담겨 있는 의미와 그리스도의 능력이 어떻게 여러분의 약함 안에서 온전해지는지(고후 12:9)를 생각해보는 일은 확실히 어느 정도 훈련과 시간이 필요하며 정직함이 요구되는 일임은 분명하다.

각 장의 마지막 부분에는 '더 깊은 탐구'라는 항목을 덧붙였다. 여기에는 그 장에서 다루고 있는 하나님의 성품과 관련된 또 다른 성경 본문, 질문들, 생각해볼 점들, 인용구들, 그 밖의 자료들을 추가적으로 제시했다. 여러분이 하나님의 어떤 속성으로부터 특별히 큰 감화를 받는다면, 이 부분이 특히 유익함을 발견할 수 있을 것이다.

하나님에 관한 묵상은 그분의 말씀 안에서 이루어져야 한다는 점을 잊지 말아야 한다. 시편 기자는 신자가 "오직 여호와의 율법을 즐거워하여 그의 율법을 주야로 묵상"(시 1:2)할 때 복을 받는다고 쓰고 있다. 또한 "그는 시냇가에 심은 나무가 철을 따라 열매를 맺으며 그 잎사귀가 마르지 아니함 같으니 그가 하는 모든 일이 다 형통하리로다"(3절)라고도 한다. 다시 말해서 하나님은 그분의 성령으로 은혜를 베푸사 우리의 말씀 묵상을 통해 우리를 심으시고 의의 나무(사 61:3)로 자라나게 하신다. 그뿐 아니라 묵상을 통해 사랑과 희락과 화평과 오래 참음과 자비와 양선과 충성과 온유와 절제(갈 5:22-23) 같은 성령의 열매들도 더욱 풍성히 맺을 수 있게 된다.

16세기에 마르틴 루터는 오늘날 우리가 개신교 종교개혁이라 부르는 운동의 첫 발을 떼는 데 기여하였다. 루터는 구원의 본질, 믿음, 교회의 권위 등에 대해 많은 이들과 논쟁을 벌였다. 그 중의 한 명이 에라스무스인데, 그는 인간이 자기 스스로 하나님을 선택할 수 있는 도덕적 자유를 갖고 있다고 믿었다. 루터는 에라스무스에게 보내는 답장에서 "당신은 하나님에 대해 지나치게 인간적으로 생각하고 있소."라고 썼다. 어쩌면 여러분이 이 책을 집어들 때도 하나님에 대해 지나치게 인간적으로 생각하고 있을 수 있다. 많은 사람이 그러하듯 여러분도 인간에게는 하나님의 축복을 받을 만한 자격이 있다고 믿고 싶은 유혹에 빠졌을 수도 있다.

사실 하나님이 어떤 분이신지 그 충만하신 모습을 완전히 이해한 사람은 아무도 없다. 그러나 바울은 우리 신자들은 "하나님의 비밀을 맡은 자"(고전 4:1)라고 말한다. 우리는 하나님의 영광과 우리의 기쁨을 위해 그분의 성품을 발견하고, 배우며, 더욱 더 경험해 갈 수 있는 특권을 부여받은 것이다.

우리가 이 책을 써내려 가는 동안 신실하게 응원해준 고마운 아내들에게 감사의 마음을 전하고자 한다. 또한 값진 도움을 준 이안 터너와 훌륭한 편집 능력을 보여준 트래비스 차일더스와 레이 래닝스에게도 고마움을 표한다. 부디 이 묵상집을 통해 여러분의 마음이 격려를 받고, 믿음이 군건해지며, 하나님을 향한 사랑이 자라나기를 간절히 바란다. "아버지께서는 모든 충만으로 예수 안에 거하게 하셨다"(골 1:19). 부디 여러분이 예수 그리스도의 복음에 담겨 있는 풍성함을 더욱 더 보게 되기를 바라며, 여러분의 구주이자 주 되시는 분과 더 깊고 충만한 교제를 누리게 되기를 진심으로 바란다.

2

하나님에 대한 참된 지식

묵상 본문

여호와께서 이와 같이 말씀하시되 지혜로운 자는 그의 지혜를 자랑하지 말라 용사는 그의 용맹을 자랑하지 말라 부자는 그의 부함을 자랑하지 말라 자랑하는 자는 이것으로 자랑할지니 곧 명철하여 나를 아는 것과 나 여호와는 사랑과 정의와 공의를 땅에 행하는 자인 줄 깨닫는 것이라 나는 이 일을 기뻐하노라 여호와의 말씀이니라

—예레미야 9:23–24[1)]

기도

주 하나님, 하나님을 아는 지식을 선물로 주시니 감사합니다. 하나님은 은혜로우시고 언약을 지키시는 구속자시오니, 하나님을 아는 지식이 가장 고상하여 그 어떤 것에도 제 마음을 두지 않겠습니다. 그

1 조엘 R. 비키가 쓴 장들에 나오는 내용 중 일부는 Joel R. Beeke and Paul Smalley, *Reformed Systematic Theology, Volume 1: Revelation and God* (Wheaton, Ill.: Crossway, 2019)에 기록된 내용에서 개작한 것이다.

리스도 안에서 하나님의 영광을 새롭게 보게 하시고, 이를 통해 영적인 침체에서 저를 깨워 주소서. 믿음으로 그리스도를 따를 때, 하나님을 바로 아는 지식을 허락하사 저를 끊임없이 새롭게 하여 주시고, 하나님을 경외하고 사랑함으로써 명철을 얻게 하소서. 하나님을 아는 지식을 통해 하나님이 기뻐하시는 열매를 맺게 하여 주소서. 예수님의 이름으로 기도합니다. 아멘.

성경적 관점

인간 존재의 중추는 하나님을 알고 그분을 알리는 것이다. 칼빈은 자신이 지은 교리문답서에서 "인생의 가장 중요한 목적은 무엇인가?"라고 묻고 나서, 그것은 "하나님을 아는 것"이라고 답한다.[2] 하나님을 아는 것이 모든 인생의 가장 중요하고 가장 고귀한 일인 데에는 몇 가지 이유가 있다.

첫째, 하나님을 아는 것은 최고의 특권이다. 우리는 살면서 '지혜', '힘', '부' 등을 얻으면 그 삶에 의미와 가치가 있다고 생각하곤 한다. 하지만 하나님은 "자랑하는 자는 이것으로 자랑할지니 곧 명철하여 나를 아는 것이라"(렘 9:23-24)라고 말씀하심으로써 그러한 자랑거리나 특권으로 우리가 높아지는 것이 아니라고 선언하신다. 제 아무리 지혜와 힘과 부를 가진 이라도 죽음에 문턱 앞에서는 언

---

2 Phillip Schaff, *Creeds of Christendom* (New York: Harper & Broth-ers, 1877), 1:470.

제나 "내가 해 아래에서 행하는 모든 일을 보았노라 보라 모두 다 헛되어 바람을 잡으려는 것이로다"(전 1:14)라는 전도자의 결론에 다다르고 만다. 살면서 하나님 외에 다른 것을 더 높이며 추구하면 우리의 마음이 세속화되고, 그러면 우리의 영혼은 더욱 더 힘을 잃어 결국에는 보잘것없는 모습으로 전락하게 된다. 반면에 하나님을 알아가고, 경험하며, 그 지식 안에서 기뻐함으로 우리는 가장 큰 축복을 받게 되며, 하나님도 최고의 영광을 얻으신다. 우리는 가장 큰 선물을 위해 창조되었는데, 그것은 바로 하나님을 아는 것이다.

둘째, 하나님을 아는 것은 언약의 핵심이자 영생의 본질이다. "그들이 나를 알지 못하느니라", "이 땅에는 진실도 없고 인애도 없고 하나님을 아는 지식도 없고"(렘 9:3; 호 4:1)라는 말씀처럼 우리가 우상숭배를 하고 죄를 지으며 잘못된 예배를 드리는 것은 모두 하나님에 대한 무지에서 비롯된 것이다. 그러나 하나님은 "여호와의 말씀이니라 보라 날이 이르리니 내가 이스라엘 집과 유다 집에 새 언약을 맺으리라…작은 자로부터 큰 자까지 다 나를 알기 때문이라"(렘 31:31-34)라고 말씀하심으로써 하나님을 앎으로써 얻게 되는 축복을 선언하신다. 그러한 지식은 하나님이 선물로 주시는 새로운 마음에서 흘러나오는 것이다. "내가 여호와인 줄 아는 마음을 그들에게 주어서…그들은 내 백성이 되겠고 나는 그들의 하나님이 되리라"(렘 24:7). 하나님을 아는 것은 "영원한 언약"(렘 32:40)의 선물이기 때문에 예수님도 "영생은 곧 유일하신 참 하나님과 그가 보내신 자 예수 그리스도를 아는 것이니이다"(요 17:3)라고 말씀하실 수 있었다. 하나님에 대한 참된 지식 위에서 당신은 하나님과 영원한 교제를 누린다.

셋째, 하나님을 아는 것은 삶의 거룩함의 원동력이 된다. 하나님을 알지 못하는 마음은 어리석고 어두워진다. 그때 우리는 "하나님의 진리를 거짓 것으로 바꾸어 영원히 찬송할 조물주보다 피조물을 더 경배하고 섬기기"(롬 1:21-25) 때문이다. 하나님을 알지 못하면 우상숭배에 빠지게 되고, 우리 삶 가운데 부당함과 부도덕함이 기승을 부리게 된다(살전 4:5; 호 4:1-2). 영적인 침체기를 겪고 있을 때 하나님을 새롭게 보게 됨으로써 전환점을 맞이하는 일이 흔히 있다(욥 42:1-6을 보라). "은혜와 평강" 속의 영적 성장과 "생명과 경건에 속한 모든 것"은 "자기의 영광과 덕으로써 우리를 부르신…하나님과 우리 주 예수를 앎으로" 말미암는다(벧후 1:2-3). 거짓된 신 지식은 세상을 흉내내는 저급한 영성을 만들어 내지만, "보배롭고 지극히 큰 약속"을 통해 얻는 하나님을 아는 참된 지식은 성령의 능력을 덧입는 참된 경건을 낳는다(벧후 1:4).

그러므로 하나님을 아는 것이야말로 당신의 삶에서 가장 우선시해야 할 일이다. 바울에게는 세상의 모든 명예와 특권도 "내 주 그리스도 예수를 아는 지식"과 비교할 때 그저 "배설물"에 불과했다(빌 3:8). 그렇다면 우리는 우리의 삶 속에서 어떻게 하나님을 알고 "힘써 여호와를 알 수"(호 6:3) 있는가? 하나님을 아는 지식은 근본적으로 이성의 일이며, 우리는 적어도 다음의 다섯 가지 방법으로 그분을 찾음으로써 그 지식을 추구한다.

첫째, **우리는 하나님께 의존하여 그분에게서 그분을 아는 지식을 받아야 한다.** 하나님을 아는 지식은 우리가 찾아내는 것이 아니라 받는 것이다. 하나님이 먼저 그분의 말씀을 통해 그분 자신을 우리에게 계시하셔야만 한다(마 11:27). 어떤 신학자들은 그저 상상의 나래를 펼쳐 하나님에 관한 허황된 공상을 끄집어내곤 하는데, 우리도 그들처럼 행동할 때가 정말 많다. 하지만 우리는 하나님이 그분의 말씀 안에서 그분 자신에 대해 계시하신 것을 어린 아이와 같은 믿음으로 받아야만 한다.

둘째, **우리는 겸손한 회개를 통해 하나님을 알려고 해야 한다.** 하나님은 하나님이시다. 그분을 바로 알기 위해서는 그분을 경외해야 한다(잠 2:5; 9:10). 하나님을 경외하는 가운데 죄를 미워하고 거기서 떠나야 하며(욥 28:28), 사랑의 마음으로 그분께로 돌이켜야 한다(신 10:12). 우리 자신이 죄와 결핍 가운데 있음을 알지 못하고서는 거룩함과 은혜 안에서 하나님을 아는 일은 일어나지 않는다.

셋째, **우리는 그리스도 중심의 믿음을 통해 주님을 알려고 해야 한다.** 예수님이 친히 자신이 "곧 길이요 진리요 생명"이라고 선언하셨다. 그분이 보이지 않는 하나님을 우리에게 알리신 것이다(요 1:18; 14:6-9). 믿음이란 단순히 처음 그리스도를 붙들었던 그 최초의 행위만을 뜻하는 것이 아니다. 그리스도인으로서 살아가는 내내 우리는 계속해서 그리스도 중심적인 믿음을 견지해야만 한다(골 2:6; 갈 2:20).

넷째, **우리는 의로운 행위를 통해 하나님을 알려고 해야 한다.** 우리는 우리의 행위가 아닌 오직 믿음으로만 구원을 얻는다. 그러나 우리가 은혜로 새로운 피조물이 된 것은 선한 일을 행하게 하려 하심이다. "그리스도 예수 안에서 선한 일을 위하여 지으심을 받은 자니 이 일은 하나님이 전에 예비하사 우리로 그 가운데서 행하게 하려 하심이니라"(엡 2:8-10). 따라서 우리는 말씀을 듣고 행하는 자가 되어야 한다(약 1:22-25). 사랑과 순종 가운데 하나님과 동행하는 삶 속에서 우리는 그분에 대해 더욱 깊이 알게 되는 것이다.

다섯째, **우리는 거룩한 갈망을 통해 하나님을 알려고 해야 한다.** 하나님을 아는 것은 그저 쓸모 있는 지식 그 이상의 것이다. 그분은 우리에게 최고의 아름다움이시며 가장 사모할 만한 분이시다(시 27:4). 조나단 에드워즈는 "복음의 영광을 직접 보는 것"을 "내가 경험한 것들 중에 가장 달콤한 기쁨과 즐거움"[3]으로 여겼다. 우리도 모세와 같이 "주의 영광을 내게 보이소서"(출 33:18)라고 기도해야 할 것이다.

---

3 Jonathan Edwards, *Personal Narrative, in The Works of Jonathan Edwards* (New Haven, Conn.: Yale University Press, 1957-2008), 16:800.

생각해볼 질문

1. 당신은 하나님을 아는 것을 최고의 특권으로 여기는가? 당신도 하나님을 아는 은혜를 통해 그분과의 참된 언약 관계 안으로 들어와 있는가?

2. 하나님을 아는 것 대신에 세상적인 '지혜'와 '힘'과 '부'를 추구하려 하는 자신을 발견한 적이 있는가(렘 9:23-24)? 당신의 삶 속에서 그러한 것들을 추구한 결과는 무엇인가?

3. 요한복음 17장 3절에서 예수님은 영생을 하나님을 아는 것과 동일시하신다. 만약 당신이 질병과 사망이 없고 오직 즐거움과 친구들만 있는 천국에 갔는데 그곳에 그리스도께서 계시지 않는다면, 당신은 만족하겠는가? 그리스도와 함께하며 그분을 아는 것이 어떻게 천국을 참된 천국이 되게 하는가?

4. 다윗은 "내가 여호와께 바라는 한 가지 일 그것을 구하리니 곧 내가 내 평생에 여호와의 집에 살면서 여호와의 아름다움을 바라보며 그의 성전에서 사모하는 그것이라"(시 27:4)라고 기도했다. 당신이 예나 지금이나 바라고 있는 그 "한 가지"는 무엇인가?

5. 요한일서 2장 3절 말씀에 따르면 당신이 참으로 하나님을 알고 있는지를 어떻게 알 수 있는가(요 14:21 참조)?

6. 하나님이 타락한 죄인들인 우리에게 자신을 알리시고자 하며 또한 먼저 스스로를 우리에게 계시하신다는 이 은혜로운 사실에 대해 잠시 시간을 내어 묵상해보라.

더 깊은 탐구

- 하나님을 아는 것에 관한 또 다른 성경 본문으로는 시편 9:10; 27:4; 이사야 43:10; 45:22; 호세아 6:6; 로마서 1:21-25; 베드로후서 1:3-4; 요한복음 14:21 등이 있다.

- 회의론자들과 불가지론자들은 만약 하나님이 존재한다 하더라도 너무도 높이 계셔서 우리가 그분을 아는 것은 불가능하다고 말한다. 즉 하나님에 관해 무언가를 알 수 있을지언정 그분을 개인적으로 아는 것은 불가능하다고 말한다. 하나님을 찾아내기 위한 인간적인 탐구가 곧 신학이라면 그 말이 사실일 수 있다. 그러나 기독교의 신학은 하나님이 우리를 찾아오시는 데서 생겨난다. 이는 은혜이다. 곧 하나님이 자신을 알리시기를 원하시는 것이다(사 45:22). 하나님은 우리를 그분을 참되게 알 수

있는 잠재력을 가진 하나님의 형상으로 창조하셨다. 그리스도의 은혜를 통해 하나님은 우리를 하나님의 "형상을 따라 지식에까지 새롭게" 하신다(골 3:10). 그리고 하나님의 창조와 섭리의 사역을 통해, 그리고 무엇보다 성육신하신 말씀, 예수 그리스도를 통해 당신을 계시하신다. 예수 그리스도는 성경 말씀에 계시되어 있으며 성령께서 말씀을 조명하여 깨닫게 하신다(고전 2:9-16).

- 요한복음에 따르면, 하나님을 아는 지식은 사람의 지각에 빛을 비추고 삶을 인도하며(요 1:4; 8:12), 그리스도에 대한 믿음을 창조하고(3:15-16; 6:47), 영원한 멸망에서 구원하며(3:15-16; 10:28), 정죄받지 않게 하고(3:36; 5:24), 가장 깊은 갈망을 채워주며(4:14; 6:35), 살아 계신 하나님과 교제하게 하고(5:26), 영생의 부활을 보증한다(6:40; 11:25). 예수 그리스도를 통하여 하나님을 알게 되는 것은 얼마나 놀라운 선물인가!

- John Frame, *The Doctrine of the Knowledge of God: A Theology of Lordship* (Phillipsburg, N.J.: P&R, 1987); Joel R. Beeke and Paul Smalley, *Reformed Sys-tematic Theology, Volume 1: Revelation and God* (Wheaton, Ill.: Crossway, 2019)을 보라.

3

하나님의 본질과 속성

묵상 본문

주의 존귀하고 영광스러운 위엄과 주의 기이한 일들을 나는 작은 소리로 읊조리리이다 사람들은 주의 두려운 일의 권능을 말할 것이요 나도 주의 위대하심을 선포하리이다 그들이 주의 크신 은혜를 기념하여 말하며 주의 의를 노래하리이다 여호와는 은혜로우시며 긍휼이 많으시며 노하기를 더디 하시며 인자하심이 크시도다 여호와께서는 모든 것을 선대하시며 그 지으신 모든 것에 긍휼을 베푸시는도다

—시편 145:5–9

기도

하늘에 계신 아버지여, 아버지의 위대하심과 영원하심, 주권과 능력과 선하심과 열심, 오래 참으심과 사랑, 이 모든 완전성이 아버지의 아들이시며 참 하나님이시자 참 사람이신 그리스도 예수 안에 전시되고 있습니다. 또한 예수님은 아버지의 영광의 광채시요, 본체의 형상이십니다. 이제 아버지의 속성을 묵상하고자 하오니 저의 이기적

인 생각을 떨치게 하시고, 제 마음을 넓혀 주사 아버지의 완전하심과 영광을 깨닫게 하소서. 그리하여 제가 아버지를 더욱 흠모하고, 따르며, 경외심과 사랑으로 더욱 순종하게 하소서. 예수님의 이름으로 기도합니다. 아멘.

성경적 관점

성경에는 "내가…영원히 주의 이름을 송축하리이다"(시 145:2)라는 구절처럼 우리에게 하나님의 이름을 송축할 것을 촉구하는 구절들이 종종 등장한다. 주의 "이름"이란 하나님의 "이름, 호칭, 속성은 물론 그분의 말씀과 행위 등 하나님이 자신을 알리시는 모든 것"[1]을 가리키며, 그분의 영광과 명성까지 포함한다. 시편 76장 1절에서는 "하나님은 유다에 알려지셨으며 그의 이름이 이스라엘에 크시도다"라고 말한다. 주의 이름은 그분의 영광이며(출 33:18-19; 시 102:15), 기도와 예배의 대상이다(창 4:26; 시 7:17).

그렇다면 우리는 어떻게 하나님의 "이름"을 합당하고 경건하며 성경적인 방법으로 찬양하고 높일 수 있는가? 그것은 바로 하나님이 자신에 대해 계시하신 속성들을 통해서이다. 우리는 하나님의 속성에 따라 하나님의 이름을 찬양한다. 하나님의 속성은 하나님과 밀접하게 관련된 영구적인 특질이며, 우리는 그 속성을 통해 그분

---

1 웨스트민스터 소요리문답 54-55문, in *Reformed Confes-sions of the 16th and 17th Centuries in English Translation: 1523-1693*, comp. James T. Dennison Jr. (Grand Rapids: Reformation Heritage Books, 2008-2014), 4:360.

을 식별하며 "그의 이름에 합당한 영광"을 돌리게 된다(시 29:2). 하나님의 속성은 과거 수 세기 동안 그분의 백성이 드리는 예배와 경건의 핵심이었다. 하나님의 속성은 성경 구절들에 잘 드러나 있을 뿐만 아니라 여러 신앙고백에도 반영되어 있다.

하나님의 속성에 대한 성경의 요약적 진술 중에 가장 중요한 부분은 하나님이 시내 산에서 자신을 직접 계시하신 사건이다. 모세가 "주의 영광을 내게 보이소서"라고 기도하자, 하나님은 모세에게 "내가 내 모든 선한 것을 네 앞으로 지나가게 하리라"라고 말씀하셨고, 동시에 "네가 내 얼굴을 보지 못하리니 나를 보고 살 자가 없음이니라"라고 경고하셨다(출 3318-20). 다음 날 아침 모세는 바위 틈 사이에 숨었고, 하나님은 그분의 영광스러운 이름을 선포하며 그 앞으로 지나가셨다.

> "여호와께서 그의 앞으로 지나시며 선포하시되 여호와라 여호와라 자비롭고 은혜롭고 노하기를 더디하고 인자와 진실이 많은 하나님이라 인자를 천대까지 베풀며 악과 과실과 죄를 용서하리라 그러나 벌을 면제하지는 아니하고 아버지의 악행을 자손 삼사 대까지 보응하리라"(출 34:6-7).

칼빈은 이 말씀을 일컬어 "성경의 그 어떤 곳보다도 하나님의 본질을 분명하고 충분하게 설명하고 있다"고 말했다.[2]

하나님은 출애굽 이후에 (이스라엘이 금송아지를 만들어 언약을 깨뜨리고 모세가 중보자 역할을 하는 맥락에서) 이러한 속성들을 선언하셨고, 후에 이스라엘은 바벨론 포로생활(언약을 깨뜨린 것에 대한 형벌)에서 돌아왔을 때 그것을 다시 떠올렸다.

> "너희 무리는 마땅히 일어나 영원부터 영원까지 계신 너희 하나님 여호와를 송축할지어다 주여 주의 영화로운 이름을 송축하올 것은 주의 이름이 존귀하여 모든 송축이나 찬양에서 뛰어남이니이다…주께서는 용서하시는 하나님이시라 은혜로우시며 긍휼히 여기시며 더디 노하시며 인자가 풍부하시므로 그들을 버리지 아니하셨나이다… 광대하시고 능하시고 두려우시며 언약과 인자하심을 지키시는 하나님이여"(느 9:5, 17, 32).

우리의 믿음은 언약을 지키시는 우리 하나님의 속성에 기초를 두고 있다. 하나님의 속성으로 인해 창조주이신 하나님과 피조물이 뚜렷이 구분되고, 우상숭배가 설 자리를 잃게 되며, 이 세상의 거짓된 예배가 정죄를 받는다. 이러한 속성들은 하나님의 언약 백성의 핵심 지식의 내용을 이루고, 예배에 명료함을 더해 주며, 그리스도 안에 있는 하나님의 구원 역사 가운데서 찬란하게 빛난다. 따라서 하나님의 속성을 연구하는 일은 그분의 백성에게는 참으로 기쁜 일이다. 왜냐하면 그것을 통해 하나님을 아는 지식이라는 가장 큰 선

---

2 Calvin, *Commentaries*, vol. 6 (Grand Rapids: Baker, 2003), on Ps. 145:8.

물을 얻을 수 있기 때문이다.

하나님의 속성들을 분류하는 데 도움이 되는 한 가지 방법은 하나님의 위대하심과 하나님의 선하심이라는 두 개의 큰 범주로 나누어 보는 것이다. 예를 들어, 시편 기자는 우리에게 "주의 존귀하고 영광스러운 위엄과 주의 기이한 일들"과 "주의 두려운 일[혹은 기이한 행위]의 권능"을 찬양하라고 촉구한다. 즉 하나님의 위대하신 속성에 합당하게 그분의 이름을 높이라는 것이다(시 145:3-6). 그러고 나서 시편 기자는 우리에게 "주의 크신 은혜를 기념하여 말하며 주의 의를 노래"하라고 촉구한다(7-9절). 즉 하나님의 선하신 속성에 합당하게 그분의 이름을 찬양하라는 것이다. 계속해서 시편 145장의 나머지 부분에서도 하나님의 위대하심(11-13절)과 선하심(14-21절), 곧 그분의 위엄과 자비에 대한 찬양이 번갈아 가며 등장한다. 이처럼 성경에는 하나님의 위대하심과 선하심, 주권과 사랑, 위엄과 도덕적 탁월함 등과 같이 하나님의 속성에 관한 개념을 한 쌍으로 묶어서 정리해주는 곳이 여기저기에 많이 등장한다(출 34:6-7; 렘 9:24-10:12; 딤전 1:12-17).

하나님의 모든 속성 중에 가장 영광스러운 것은 그분의 거룩하심이다. 그분은 "거룩하신 이"이시므로 누구와도 비교될 수 없다(사 40:25). 또한 그분은 "이스라엘의 거룩하신 이"로서 그분의 언약 백성을 신실하게 돌보시는 하나님이시다(사 1:2-4). 따라서 하나님의 위엄과 도덕적 탁월함, 즉 그분의 위대하심과 선하심이라는 본질을 하나로 아우르는 것이 바로 거룩함이다. 또한 이 거룩함을 통해 우리는 하나님의 모든 속성과 사역을 논할 때 반드시 지녀야 하는 경건한 두려움은 물론, 그럼에도 거룩하신 분께서 통회하는 마음이 있는 자들에게 가까이 다가오신다는 소망을 어느 정도 경험할 수 있다(사 57:15).

하나님의 속성을 묵상함으로써 우리는 하나님을 알 수 있지만, 그것은 어디까지나 인간의 지식에 그칠 수밖에 없다. 왜냐하면 우리는 그분의 무한하신 영광의 깊이를 꿰뚫어볼 수 없고, 그분의 길을 완전히 찾을 수 없기 때문이다(롬 11:33). 하지만 "하나님은 영이시니"(요 4:24), "하나님은 빛이시라"(요일 1:5), "하나님은 사랑이심이라"(4:8) 등의 성경 말씀을 통해 우리는 하나님의 참된 속성을 알 수 있다. 이 모든 말씀은 하나님께로부터 온 것이므로 우리는 그것이 의미 있고 참된 말씀임을 믿어야 한다. 헤르만 바빙크는 "하나님은 스스로 계시하신 그대로이시다."라고 말했다.[3]

우리가 하나님의 속성에 관심을 갖고 그것을 사랑하며 공경하는 것이 매우 중요하다는 사실은 아무리 강조해도 지나침이 있을 수 없다. 이에 대해 찰스 스펄전은 다음과 같이 말했다.

> "우리는 하나님의 말씀과 성품과 사역에서 눈을 떼어서는 안 되며, 그것들을 배우고 생각하고 또 경외해야 한다. 사람은 간절히 기억하

---

3 Herman Bavinck, *Reformed Dogmatics*, ed. John Bolt, trans. John Vriend (Grand Rapids: Baker Academic, 2003-2008), 2:111.

고자 하지 않는 것은 잊어버리기 마련이다. 신자는 지극히 높으신 이의 탁월하신 속성을 사랑하고 기쁜 마음으로 그것을 공경해야만 한다…이처럼 올바른 것을 향한 내면의 사랑으로부터 세상을 살아가는 그리스도인의 고결함이 뿜어져 나와야만 하는 것이다."[4]

그리스도 예수 안에서 하나님의 모든 속성이 인간의 형태(human form)를 취하였고, 그 모든 속성은 우리를 구속하고, 하나님의 형상으로 재창조하며, 그분의 나라를 완성하실 방향으로 행하시니 하나님을 찬양할지어다!

생각해볼 질문

1. 벨직 신앙고백서(제1조)에서는 다음과 같이 하나님의 속성 혹은 그분의 완전하심을 고백하고 있다. "우리 모두는 하나님은 오직 한 분이시며 단일하신 영적 존재시라는 것을 마음으로 믿고 입으로 고백한다. 그분께는 다음과 같은 속성들이 있다. 영원하심, 불가해성, 불가시성, 불변성, 무한하심, 전능하심, 완전한 지혜, 의로우심, 선하심, 모든 선의 원천이 되심." 이 중에 하나

4 C. H. Spurgeon, *The Treasury of David* (New York: Funk & Wag-nalls Company, 1882), 1:273.

님의 위대하심과 관련된 속성은 무엇이며, 그분의 선하심과 관련된 속성은 무엇인가?

2. 하나님의 모든 속성 중에 그분의 거룩함이 가장 영광스러운 이유는 무엇인가? 그 거룩함은 어떻게 그분의 위엄과 도덕적 탁월함을 하나로 아우르는가?

3. 스펄전은 우리가 "하나님의 속성에 대한 체험적인 지식"을 갖게 될 때 그분의 이름을 아는 것이라고 말했다.[5] 당신이 경험적으로 알게 된 하나님의 속성에는 어떤 것이 있으며, 그러한 지식을 어떻게 얻게 되었는가?

4. 하나님의 속성들을 주권과 사랑(혹은 위엄과 도덕적 탁월함)이라는 범주로 분류하는 것은 성경적으로 균형 잡힌 경건을 증진시키는 데 어떻게 도움이 되는가? 당신이 더 강조점을 두는 측면은 어느 쪽이며, 어떻게 하면 더 균형 잡힌 시각을 가질 수 있는가?

5. 시험이나 유혹, 또는 죄와 관련되어 있어서 실천적 적용에 특별히 어려움을 던져주었던 속성으로는 어떤 것들이 있는가?

---

5 C. H. Spurgeon, *The Treasury of David*, 1:110.

6. 스펄전은 하나님의 모든 속성은 "위기에 처한 영혼이 급류에 휩쓸려 떠내려가지 않도록 붙잡아주는 닻"이라고 말했다.[6] 당신이 현재 처해 있는 상황에서 특히 중요하게 묵상해야 하는 하나님의 속성에는 어떤 것이 있는가? 그리고 그 속성으로 말미암아 당신은 어떻게 하나님을 믿고, 흠모하며, 따름으로써 그분을 붙들 수 있는가?

더 깊은 탐구

- 하나님의 속성에 관한 또 다른 성경 본문으로는 신명기 14:18; 역대하 30:9; 시편 86:15; 99:1-5; 103:8; 111:4; 113:5; 116:5; 예레미야 9:24; 10:6, 10, 12; 요엘 2:13; 요나 4:2; 나훔 1:3; 디모데전서 1:12-17; 6:15-16 등이 있다.

- 초대 교회 시기부터 성도들은 하나님의 신적인 속성에 따라 그분에 대한 신앙을 고백했다. 터툴리아누스는 하나님께 있는 지고의 위엄(*summum magnum*), 영원성, 능력, 유일성에 대해 썼다.[7] 아우구스티누스는 다음과 같이 고백했다. "인간이 형언할 수 있는 최고의 말을 빌자면, 창조주께서는 살아 계시며, 모든

6 C. H. Spurgeon, *The Treasury of David*, 1:110.

것을 인지하시고 이해하신다. 그분께는 사망이 있을 수 없으며, 썩거나 변하는 일도 있을 수 없다. 또한 그분은 육체가 아닌 영이시며, 그 능력과 의로움과 아름다움과 선하심과 복되심이 가장 크시다."[8]

- 개혁파 신학자들 사이에서 가장 일반적으로 구분되는 분류는 하나님의 공유적 속성(사랑, 지혜 등)과 비공유적 속성(편재성, 영원성 등)이다. 하지만 하나님과 사람에게서 공통적으로 발견되는 공유적 속성에 있어서도 하나님은 인간의 한계를 무한히 초월하신다. 사람에게도 "지혜"가 있지만, 하나님의 지혜는 사람의 지혜를 무한히 초월하며, 사람의 지각으로는 결코 도달할 수 없는 무한하고 영원하며 신적인 지식에까지 다다른다(시 139:6; 사 40:13-14, 28; 55:8-9). 바빙크는 "공유적인 속성들 역시 절대적인 의미에서는 다른 것들과 마찬가지로 비공유적이라는 사실을 모두가 인정한다"라고 말했다.[9]

- A. W. Pink, *The Attributes of God* (Grand Rapids: Baker, 1975); Stephen

---

7 Tertullian, *Against Marcion*, 1.3, in *The Ante-Nicene* Fathers, ed. Alexander Roberts and James Donaldson (New York: Charles Scribner's Sons, 1918), 3:273.

8 Augustine, *On the Trinity, 15.4.6, in A Select Library of Nicene and Post-Nicene Fathers of the Christian Church*, ed. Philip Schaff (New York: Christian Literature, 1888), 3:202.

9 Bavinck, *Reformed Dogmatics*, 2:132.

Charnock, *The Existence and Attri-butes of God in Works*, vols. 1-2 (Edinburgh: Banner of Truth, 2010); William Bates, *The Harmony of the Divine Attributes* (London: J. Darby, 1674; repr., Port St. Lucie, Fla.: Solid Ground Christian Books, 2010)도 보라.

4

하나님은 하나님이시다

묵상 본문

너희는 가만히 있어 내가 하나님 됨을 알지어다 내가 뭇 나라 중에서 높임을 받으리라 내가 세계 중에서 높임을 받으리라 하시도다

—시편 46:10

기도

은혜로우신 주여, 주께서는 무한하시나 저는 그렇지 못하며, 주께서는 강하시나 저는 약합니다. 주여, 제가 주님의 성품을 묵상할 때 성령님을 통하여 주님의 말씀에 담긴 진리를 제 삶에 적용하게 도와주소서. 제 삶에 변화가 필요한 부분이 생각나게 하여 주소서. 주님은 영원하신 주권자이자 온 우주의 하나님이실 뿐 아니라 또한 나의 하나님이시라는 진리를 묵상함으로써 제가 주님을 높이게 하소서. 주님의 양인 제가 푸른 초장과 쉴 만한 물가를 찾아 목자 되신 주님께 나아가오니, 제 영혼을 소성케 하여 주소서. 그리스도의 이름으로 기도합니다. 아멘.

성경적 관점

(적어도 현재까지는) 미국의 모든 지폐 뒷면에 "우리는 하나님을 신뢰합니다(In God we Trust)"라는 문구가 새겨져 있다. 그런데 우리가 "신뢰"하는 그 하나님은 누구신가? 그리고 그 하나님을 신뢰하는 "우리"는 또 누구인가? 많은 사람들이 기독교에서 믿는 하나님을 이슬람이나 힌두교, 기타 다른 종교에서 믿는 신들과 동일할 것이라고 생각한다. 그러나 성경의 하나님, 참되고 살아 계신 하나님은 그런 신들과는 전혀 다르다.

근본적인 차이점 중에 하나는, 우리가 믿는 하나님은 영원부터 영원까지 성부 하나님, 성자 하나님, 성령 하나님의 삼위로 계시는 하나님이다. 이 삼위께서는 동일한 본질을 공유하시며 영원토록 완전한 하나 됨을 누리신다(히 1:3). 삼위 가운데는 더 크거나 열등한 분이 없고, 또한 서로 다른 세 분의 신도 아니다. 그저 영원토록 삼위로 계시는(마 28:19; 고후 13:14) 한 분 하나님이시다(신 6:4).

시편 46장 10절에서 하나님은 그분의 백성에게 "너희는 가만히 있어 내가 하나님 됨을 알지어다"라는 권면의 말씀을 주신다. 본문의 맥락은 하나님이 전쟁을 끝내시는 장면이다. 하나님은 자신이 하신 일을 설명하는 직설법에서 그분의 백성에게 할 일을 명하시는 명령법으로 어조를 바꾸신다. 여기서 "가만히 있어"라는 말은 싸움을 멈추라는 뜻으로 볼 수 있다. 이 구절을 묵상할 때는 다음의 몇 가지 사실을 기억해야 한다.

첫째, **이것은 그저 좋은 제안을 하는 것이 아니다. 이것은 명령이다!**

다시 말해, 이것은 하나님에 대한 순종의 문제다. 그러나 순종이 하나님에게 영광이 되는 만큼 우리도 기쁜 의무 안에서 하나님의 영광에 참여한다.

둘째, **하나님이 우리에게 "가만히 있어"라고 말씀하신다.** 언급한 바와 같이 이것은 전투의 맥락에서 하신 말씀이다. 그렇다면 당신의 상황에 이 말씀을 어떻게 적용할 수 있겠는가? 당신은 지금 어떤 명성이나 중요한 자리, 혹은 어떤 이기적인 목적을 이루기 위해 "전투"를 하고 있지는 않는가? 가만히 있으라는 것은 그야말로 죄로부터의 쉼을 뜻한다. 바쁜 일정 가운데서도 하나님 안에서 쉼을 얻으라는 것이다. 가족, 학교, 직장, 운동, 취미, 그리고 친구들에 둘러 쌓여 살아가는 우리들에게 가만히 있는다는 것은 적잖이 낯선 개념이 아닐 수 없다. 세상은 끊임없이 우리의 일정과 달력을 더욱 더 빼곡하게 채우라고 부추긴다. 게다가 주일(일요일)에는 집 청소를 하거나 숙제를 하거나 축구를 하느라 그날에 안식하며 쉰다는 생각은 사실상 잃어버린 지 오래다. 우리는 거룩하고 은혜로우신 하나님 앞에서 가만히 있으라는 말씀을 들을 필요가 있다.

셋째, **하나님은 우리에게 "알지어다"라고 명령하신다.** 여기서 말하는 앎이란 공허한 지식이 아니라 믿음으로 충만한 사랑의 지식을 뜻한다. 신약성경에서 바울은 빌립보 교회를 위해 이렇게 기도한다. "내가 기도하노라 너희 사랑을 지식과 모든 총명으로 점점 더 풍성하게 하사"(빌 1:9). 귀신들조차 하나님을 믿고 안다(약 2:9). 하지만 하나님이 우리에게 요구하시는 지식은 우리의 사랑과 믿음을 하나로 모아 그분께 영광을 돌리고 그분을 높이는 삶을 살게 하는 그런 지식이다.

넷째, **하나님은 우리에게 자신이 하나님 됨을 알라고 명하신다.** 이 말은 그분께 완전하고 온전한 주권, 거룩함, 지혜, 정의, 선함, 은혜, 사랑, 신실함이 있음을 알라는 의미이다. 또한 하나님은 우리에게 하나님을 알라고 명령하신다. 예수님은 "영생은 곧 유일하신 참 하나님과 그가 보내신 자 예수 그리스도를 아는 것이니이다"(요 17:3)라고 기도하실 때 이 명령을 다시 한 번 상기시키셨다.

마지막으로, **시편 46장 10절은 하나님이 뭇 나라 중에서 높임을 받으시고, 세계 중에서 높임을 받으실 것이라고 말한다.** 이 일은 직접적으로 유대인의 맥락 속에서도 일어났을 뿐만 아니라, 모든 시대를 거쳐 계속해서 이루어지고 있으며, 최종적으로는 "각 나라와 족속과 백성과 방언에서"(계 7:9) 나온 하나님의 백성들이 천국의 보좌 앞에 둘러 설 때 완성될 것이다.

성부 하나님은 우리의 구속을 계획하셨고, 성자 하나님은 우리의 구속을 이루셨으며, 성령 하나님은 우리의 구속을 적용하신다. 우리는 우리 죄에 대한 대가로 사망에 처해지는 것이 마땅하지만(롬 6:23), 은혜로우신 하나님이 그분의 독생자를 보내시어 우리 대신 십자가에 달려 죽게 하셨다. 자신의 친 아들을 아끼지 않고 우리 모든 사람을 위하여 내주심으로써(롬 8:32) 우리가 하나님으로부터 영원토록 분리되는 형벌을 당하지 않도록 하신 것이다.

생각해볼 질문

1. "하나님은 하나님이시다"라는 말을 들을 때 당신의 머릿속에 가장 먼저 떠오르는 생각은 어떤 것인가?

2. "하나님을 하나님 되시게 하는 것이 참된 신앙의 절반 이상을 차지한다"는 루터의 말에 대해 당신은 어떻게 생각하는가?

3. 이번 장의 본문에서 하나님은 우리에게 "가만히 있어"라고 말씀하신다. 당신의 삶이 너무 분주하지는 않은가? 그분의 말씀을 읽고, 기도하며, 그분과 함께 시간을 보내는 것이 너무 어렵게 느껴지지는 않는가? 잠시 동안이라도 멈출 수 있는 활동은 없는가?

4. 하나님을 깊이 알고 그분을 더욱 사랑하기 위해 당신이 할 수 있는 일로는 어떤 것이 있는가? 일상의 삶 속에서 그런 일들을 가장 우선적으로 행하고자 하는 의향이 있는가? 있다면 어떻게 하겠는가?

5. 당신 안에 교만의 죄가 있다면 그것은 하나님을 하나님으로 인식하는 데 어떤 장애물이 될 수 있는가?

6. 학교에서, 직장에서, 혹은 당신의 가정에서 하나님을 "높인다"는 말이 의미하는 것은 무엇이라고 생각하는가?

7. 하나님은 어떻게 "내가 높임을 받으리라"라고 확신에 찬 어조로 말씀하실 수 있는가? 이 말씀에서 엿볼 수 있는 그분의 성품이 있다면 무엇이겠는가?

더 깊은 탐구

• 하나님의 하나님 되심에 관한 또 다른 성경 본문으로는 신명기 4:35; 32:39; 시편 18:31; 100:3; 이사야 44:6; 45:5; 요엘 2:27 등이 있다.

• 하나님이 한 분 하나님 안에 세 위격으로 존재하신다는 사실은 그분이 관계를 맺는 분이시라는 진리를 올바로 보여준다. 창세기 1장 27절에서 우리가 "그분의 형상대로" 지음을 받았다고 말씀하고 있는데, 그 말은 (한편으로는) 우리가 관계를 위해, 즉 하나님과의 관계와 다른 이들과의 관계를 위해 지음을 받았다는 말이기도 하다. 따라서 우리가 교회 안의 다른 사람들과 함께 이루어가는 공동체의 하나 됨은 삼위일체 하나님이 그 관계 속에서 하나 되신 모습을 반영하는 것이어야 한다.

• 기독교 교회가 세워진 이후 처음 5세기 동안 삼위일체 신학의 발전이 그 중심 위치에 있었다. 우리는 그러한 노고의 열매를 니케아 신경(주후 325/381년)이나 칼케돈 신경(주후 451년) 같은 신앙고백서에서 찾아볼 수 있다.

• 오늘날에는 하나님은 그저 사랑이시라거나 혹은 그저 은혜로우실 뿐이라고 말하는 사람들이 많다. 그러나 하나님은 완전하게 사랑하시며 완전하게 은혜로우시다. 뿐만 아니라 하나님은 완전하게 공의로우시며 완전하게 거룩하시다. 우리는 하나님의 속성을 우리 눈에 멋져 보이는 몇 가지로 제한할 수 없다. 오히려 우리는 하나님의 말씀에 따라 우리의 생각을 바꾸고 우리의 지각을 형성해 가야만 한다.

• Gerald Bray, *The Doctrine of God* (Downers Grove, Ill.: InterVarsity Press, 1993); R. C. Sproul, *The Character of God: Discovering the God Who Is* (Ventura, Calif.: Regal, 1995)도 보라.

5

하나님의 이름은 "여호와"(야훼)이다

묵상 본문

하나님이 모세에게 이르시되 나는 스스로 있는 자이니라 또 이르시되 너는 이스라엘 자손에게 이같이 이르기를 스스로 있는 자가 나를 너희에게 보내셨다 하라 하나님이 또 모세에게 이르시되 너는 이스라엘 자손에게 이같이 이르기를 너희 조상의 하나님 여호와 곧 아브라함의 하나님, 이삭의 하나님, 야곱의 하나님께서 나를 너희에게 보내셨다 하라 이는 나의 영원한 이름이요 대대로 기억할 나의 칭호니라

—출애굽기 3:14–15

기도

언제나 신실하시고 언약을 지키시는 하늘에 계신 주여, 주의 이름이 거룩히 여김을 받으시옵소서. 주의 이름은 주님의 위엄과 긍휼을 선포합니다. 주님은 저 높이 계시지만 또한 마음이 겸손하고 통회하는 자들과 함께 계십니다. 이제 주님의 크신 이름 "여호와"에 대해 묵상하고자 하오니, 제 안에 주의 언약을 의지하지 않으려는 마음이나,

주의 뜻을 거스르는 완고함, 주의 진리를 명확하게 깨닫는 것을 가로막는 성향이 있다면 그것을 드러내 주소서. 주의 이름에 대해 배움으로써 제 안에 주님을 경외하고 사랑하는 마음이 자라나게 하시고, 주님을 영화롭게 하는 열매를 맺게 하여 주소서. 구원자 되신 예수님의 이름으로 기도합니다. 아멘.

성경적 관점

모세는 바로를 피해 도망친 이후 수십 년간 시내 광야에서 장인의 가축을 치며 살았다. 호렙 산에서 그는 불이 붙었으나 타지 않는 떨기나무를 보았다. 호기심에 가까이 다가간 그는 불길 가운데서 말씀하시는 하나님의 음성을 듣고 크게 놀랐다. 하나님은 모세에게 자신이 이스라엘 자손을 긍휼히 여기신다는 것과 그들을 애굽의 종살이에서 구해 내실 것을 알려주셨다. 하나님은 모세를 바로에게 보내어 이스라엘을 애굽에서 이끌어 내도록 하셨다. 하나님은 모세에게 "나는 스스로 있는 자이니라 또 이르시되 너는 이스라엘 자손에게 이같이 이르기를 스스로 있는 자가 나를 너희에게 보내셨다 하라"(출 3:14)고 말씀하셨다. 이와 같이 하나님은 모세에게 자신의 이름을 "스스로 있는 자"로 계시하셨다.

성경에서 하나님은 어느 때에 그분의 이름을 "스스로 있는 자"로 계시하셨는가? 바로 그분의 백성을 구속하시려고 할 때였다. 그러므로 우리는 "스스로 있는 자"라는 하나님의 이름을 통해 자기 백성을 구원하시는 하나님의 은혜로운 주도권을 영원토록 되새기게 된다. 이 구원은 이스라엘의 첫 번째 유월절부터 우리의 참된 유월절 어린 양이신(고전 5:7) 그리스도께서 각 나라 가운데서 그분의 백성을 구속하시는(계 5:6, 9) 그 영원한 구속 사역이 완성될 때까지 계속될 것이다.

하나님이 모세에게 계시하신 그 이름은 두 가지 방향으로 확장된다. "나는 스스로 있는 자이니라"라는 말은 하나님께 왕으로서의 주권이 있음을 나타내고(출 3:14), "내가 너와 함께 있으리라"(12절)는 말은 그분의 언약적 신실하심을 보여준다.

첫째, "여호와"라는 하나님의 이름은 "나는 스스로 있는 자이니라I AM THAT I AM" 혹은 "나는 있을 것이다I will be"로 확장된다. 이는 곧 그분께 왕으로서의 주권이 있음을 나타낸다. "스스로 있는 자"라는 말은 하나님이 절대적인 존재(absolute being)이심을 보여주며, 또한 유일하신 하나님으로서 그분의 자존성과 독립성을 나타내준다. "나는 있을 것이다"는 말은 하나님이 모세나 이스라엘과 맺으시는 관계는 시간의 구속을 받지 않으며, 그분의 왕 되신 주권은 시간을 초월한다는 사실을 암시해준다. 그분은 과거나 현재, 그리고 앞으로도 언제나 주님이시다. 그러므로 우리가 하나님께 나아와 그분의 은혜를 구할 때 그분이 우리에게 은혜를 베풀 주권적인 자유가 있는 분임을 확신할 수 있다(출 33:19; 롬 9:15-18).

둘째, "여호와"라는 하나님의 이름은 "내가 너와 함께 있으리라"로 확장된다. 이는 곧 그분의 언약적 신실하심을 나타낸다(3:12; 4:12, 15). 하나님은 고통받는 자기 백성을 향한 긍휼의 마음과 그들을 구원하려는 뜻을 여러 차례 확실하게 알려주셨다(출 2:24-25; 3:7-10, 16-17). 그런 뒤에 "스스로 있는 자"라는 그분의 이름과 "너희 조상의 하나님 여호와 곧 아브라함의 하나님, 이삭의 하나님, 야곱의 하나님"(출 3:14-15)이라는 어구를 연결시키셨다. 하나님이 아브라함의 자손을 구원하고 그들에게 기업을 주시는 이유는 그분이 언약을 지키는 분이기 때문이다. 당신이 하나님을 당신의 '언약의 주'(Covenant Lord)로 신뢰할 때, 당신은 또한 하나님을 당신의 '주권적인 주'(Sovereign Lord)로 인정하는 것이다.

하나님의 이름에 담겨 있는 이 두 가지 의미를 통해 우리가 알 수 있는 것은 하나님의 주권과 하나님이 우리와 맺으시는 개인적인 관계는 상충하는 것이 아니라는 점이다. 즉 여호와 하나님께 초월적인 영광이 있다고 해서 자신의 백성을 긍휼히 여기시는 신실하심이 함께할 수 없으리라는 생각은 결코 온당치 않다. 하나님이 온 세상의 주님이 되신다는 것은 애굽의 바로가 됐든 아니면 개구리가 됐든 그분이 모든 것을 다스리심으로써 자신의 언약을 이루신다는 뜻이다. 반면 하나님의 언약적 신실하심은 또한 우리에게 그분을 끔찍한 전횡을 일삼거나 무질서한 권력을 휘두르는 분으로 볼 것이 아니고, 우리의 절대적인 신뢰와 열렬한 소망의 대상이 되시는 인격적이고 의로우신 하나님으로 보아야 한다는 사실을 가르쳐준다. 이처럼 하나님이 주권적이시라는 바로 그 사실 때문에 그분의 언약을 의지하도록 하자.

또 한 가지 우리가 생각해보아야 할 것은 "여호와"라는 하나님의 이름은 우리에게 그분의 삼위일체적 본질을 보여준다는 점이다. 즉 성부, 성자, 성령은 주권적이고 영원한 "스스로 있는 자"이시다. 성자 하나님과 성령 하나님은 성부와 하나의 "이름"을 공유하신다(마 28:19). 그리스도께서는 "아브라함이 나기 전부터 내가 있느니라"(요 8:56, 58)라고 하심으로써(영어 표현으로는 "Before Abrahanm was, I am"이다. 여기서도 "I am"이 사용된다.—편집주) 자신이 모세에게 나타나셨던 그 주님이라고 말씀하셨다. 기독교 신앙의 가장 기본적인 고백은 이처럼 "예수 그리스도께서 주님이시다"(빌 2:10, 11; 사 45:21-23 참조)라는 고백이다. 마찬가지로 성령님께서도 "여호와"이시다(사 63:11-14; 렘 31:33-34; 히 10:15-17). 성부, 성부께서 보내신 성자, 성부께서 보내신 성자의 영, 이 거룩한 세 위격 안에서 우리는 언약의 한 주님을 만나며, 그분은 우리를 그분과의 사랑이 넘치는 관계 속으로 이끄신다(갈 4:4-6; 엡 3:14-21).

이처럼 주님의 이름은 복음의 중심에 서 있다. 왜냐하면 구원을 얻고자 하는 자는 그분의 이름을 알고 불러야만 하기 때문이다(행 2:21; 롬 10:13). 그러므로 "스스로 계신 자" 앞에서 거룩한 두려움 가운데 우리 자신을 겸허히 낮추자. 그분은 그 어떤 것에도 얽매이지 않고 절대적으로 자존하시며, 그분의 언약에 변함없이 신실하신 분임을 생각하자. 또한 기쁨과 떨림으로 그분을 예배하자. 그리고 우리의 유일한 구원자인 그분을 온 마음으로 신뢰하자. 그리하면 "여호와"의 거룩한 이름 안에서 일체의 시험과 유혹 중에서도 신자의 영혼을 먹이시는 달콤한 열매의 근원을 발견하게 될 것이다.

생각해볼 질문

1. "스스로 있는 자"의 의미를 설명하기 위해 출애굽기 3장에서 사용된 두 가지 문구는 무엇인가?

2. 하나님이 자존하시고 영원하신 존재라는 사실이 그분의 이름 안에서 어떻게 계시되는가? 또한 하나님이 그분의 백성과 신실하게 함께하신다는 사실은 그 이름 안에서 어떻게 계시되는가?

3. 출애굽기 3장에서 하나님의 이름이 구속의 맥락 속에서 계시된다는 사실은 오늘날 당신에게 왜 중요한가?

4. 잠언 18장 10절은 "여호와의 이름은 견고한 망대라 의인은 그리로 달려가서 안전함을 얻느니라"라고 말한다. 이번 장은 당신이 하나님 안에서 안전함을 얻을 수 있다는 사실을 되새기게 해준다. 당신은 이번 장을 읽으며 하나님의 이름에 대해 무엇을 알게 되었는가?

5. 하나님의 주권적인 자존하심과 신실하신 함께하심 두 가지를 다 붙잡는 것이 성경적으로 균형잡힌 경건을 지켜 가기 위해 중요한 이유는 무엇인가?

더 깊은 탐구

- "여호와"라는 하나님의 이름에 관한 또 다른 성경 본문으로는 출애굽기 7:5; 시편 135:1, 3, 13; 이사야 41:4; 로마서 10:9, 13; 고린도전서 12:3; 요한계시록 1:8 등이 있다.

- 하나님이 "스스로 계신 자"라는 이름의 언약적 측면을 설명하시기 위해 "내가 너희와 함께 하리라"라고 말씀하셨던 것처럼, 그리스도께서도 그분의 이름에 담겨 있는 은혜를 설명하시기 위해 여러 차례에 걸쳐 "나는 ~이다"(*ego eimi*)라고 말씀하신 것이 요한복음에 기록되어 있다. "나는 생명의 떡이니"(6:35), "나는 세상의 빛이니"(8:12), "나는 양의 문이라"(10:7, 9), "나는 선한 목자라"(10:11, 14), "나는 부활이요 생명이니"(11:25), "내가 곧 길이요 진리요 생명이니 나로 말미암지 않고는 아버지께로 올 자가 없느니라"(14:6), "나는 포도나무요 너희는 가지라…나를 떠나서는 너희가 아무 것도 할 수 없음이라"(15:5).

- 하나님의 이름을 기록한 히브리어 자음 네 개(יהוה, *YHWH*)는 일반적으로 테트라그람마톤(*Tetragrammaton*)이라 불리는데, 그 발음은 확실하게 알려져 있지 않다. 수백 년 간 기독교 학자들은 그것을 '여호와(Jehovah)'라고 불렀다. 현대의 많은 학자들은 여호와라는 이름은 네 개의 자음(YHWH)에 '주님'(아도나이)이라는

단어나 혹은 '이름'(쉐마)을 뜻하는 아람어 단어에서 모음만 가져다 붙여 읽은 결과라고 생각한다. 따라서 그들은 '야훼'라는 발음이 더 정확하다고 주장한다. 초기 교부들의 증언이나 사마리아 문서를 헬라어로 번역한 것들도 모두 이와 같은 발음을 지지한다.

• Terry L. Johnson, *The Identity and Attributes of God* (Edinburgh: Banner of Truth, 2019)도 보라.

6

하나님은 거룩하시다

묵상 본문

하나님의 종 모세의 노래, 어린 양의 노래를 불러 이르되 주 하나님 곧 전능하신 이시여 하시는 일이 크고 놀라우시도다 만국의 왕이시여 주의 길이 의롭고 참되시도다 주여 누가 주의 이름을 두려워하지 아니하며 영화롭게 하지 아니하오리이까 오직 주만 거룩하시니이다 주의 의로우신 일이 나타났으매 만국이 와서 주께 경배하리이다 하더라

—요한계시록 15:3–4

기도

은혜로우신 삼위 하나님, 주와 같은 이는 없습니다. 오직 주님만이 높이 계시며 주님만이 경배를 받기에 합당하십니다. 주님은 참으로 거룩하고 거룩하고 거룩하십니다. 주님의 자녀인 저의 마음을 주님께로 향하게 하여 주시고, 주의 말씀의 능력으로 저의 지각을 빛어 주소서. 제 영혼의 묵상을 기쁘게 받아 주소서. 그리스도를 통하여

기도합니다. 아멘.

성경적 관점

당신은 어떤 곳에서 낯선 사람이 되어 본 경험이 있는가? 혹은 당신만 주변 사람들과 크게 다르다는 느낌을 가져본 적이 있는가? 하나님은 우리와는 전혀 다른 분이시다. 그분은 모든 것을 온전히 통제하시지만 우리는 그렇지 않다. 그분은 완전하시고 의로우시지만 우리는 그렇지 않다. 그분은 하나님이시지만 우리는 아니다.

하나님의 거룩하심은 그분의 성품 중에 특별히 두 가지 요소를 보여준다. 첫째, 하나님은 그 어떤 사물이나 사람으로부터 완전히 구별되는 전혀 다른 존재시라는 사실이다. 둘째, 하나님은 그분의 모든 완전하심 안에서 도덕적으로 의로우시다는 사실이다.

창세기 2장 3절에는 하나님이 일곱째 날을 구별하여 "거룩하게" 하셨다는 기록이 나온다. 이는 그 날이 다른 모든 날들과 다르다는 뜻이다. 출애굽기 3장 5절에서도 하나님이 모세에게 그가 서 있는 땅은 "거룩한" 땅이라고 말씀하셨다. 이는 그 땅이 구별되고 다르다는 의미이다. 바울은 디모데에게 누구든지 죄에서 깨끗함을 입으면 "거룩하게" 된다고 말한다(딤후 2:21). 그렇다면 거룩하다는 말을 통해 우리가 가장 먼저 알 수 있는 것은, 하나님이 영광, 능력, 지혜, 의로움, 권위, 선, 사랑, 진리, 은혜, 지식 등 모든 면에 있어서 전적으로 다르고 구별되는 분이라는 점이다.

그런가 하면 거룩함은 또한 하나님의 완전하고 의로우신 성품을 나타낸다. A. W. 핑크는 이것을 "도덕적 탁월함의 총체가 하나님 안에서 발견된다"[1]는 말로 설명한다. 그 어떤 순전함도 하나님의 순전하심에 비견될 수 없으며, 하나님은 극한의 선하심과 의로우심을 지니고 계신다. 하나님의 모든 행위, 생각, 의도는 온전히 의롭고 완전하다. 그분은 실수하거나 실패하지 않으실 뿐만 아니라, 자신의 피조물에게 부당한 행위를 하지도 않으신다. 하나님의 계명 또한 거룩하다. 그 계명은 완전하고, 공의로우며, 진실하다. 하나님의 계명은 사람이 만든 법과는 다르다. 그 이유는 그것이 거룩하고 의로우신 하나님으로부터 나오는 것이기 때문이다.

이사야 6장은 스랍들이 "거룩하다 거룩하다 거룩하다 만군의 여호와여 그의 영광이 온 땅에 충만하도다"(사 6:3)라고 소리치는 모습을 기록하고 있다. 마찬가지로 사도 요한은 하늘 보좌 주변에서 "거룩하다 거룩하다 거룩하다 주 하나님 곧 전능하신 이여 전에도 계셨고 이제도 계시고 장차 오실 이시라"(계 4:8)라는 찬양이 흘러나오는 장면을 쓰고 있다. 동일한 표현을 반복하는 것은 마치 영어의 원급-비교급-최상급의 발전에서 볼 수 있는 것과 같이 최고의 상태를 나타낸다. 이처럼 성경의 저자들이 하나님의 거룩하심을 세 번에 걸쳐 선언하고 있는 이유는 세상에 있는 그 어떤 존재도 하나님과 같지 않다는 사실을 분명하게 보여주고자 하는 것이다. 하나님은 그 어떤 존재와도 전혀 다르시고, 또한 구별되어 계시며, 또한 도

---

1 A. W. Pink, *The Attributes of God* (Grand Rapids: Baker, 1975), 41.

덕적 완전함의 총체를 드러내신다.

하나님은 그분 자신이 거룩하실 뿐만 아니라 우리에게도 거룩하라고 말씀하신다. 즉 도덕적 순종에 있어 완전해야 함을 말씀하시는 것이다(레 11:44; 벧전 1:5). 오늘날 많은 사람들이 하나님은 그저 우리가 최선을 다하여 살면 만족하신다고 생각한다. 하지만 그러한 생각은 성경에서 가르치는 그리스도인의 삶과는 전혀 다른 개념이다. 하나님이 우리에게 요구하시는 삶의 기준은 절대적인 완전함이다. 예수님은 "그러므로 하늘에 계신 너희 아버지의 온전하심과 같이 너희도 온전하라"(마 5:48)고 말씀하셨다. 하나님은 상대평가를 하지 않으신다. 하나님은 우리에게 그분의 기준인 완전함과 거룩함에 도달할 것을 요구하신다. 그러면 당신은 아마 "그렇다면 이 세상에 구원받을 수 있는 사람은 아무도 없겠군!"이라고 생각할 수도 있다. 그러나 방법이 전혀 없는 것은 아니다. 구원에 이르는 길이요, 진리요, 생명(요 14:6)이신 분을 우리에게 주셨기 때문이다. 사람에게는 불가능한 일이라 할지라도 하나님께는 가능하다.

우리가 비록 이처럼 완전한 거룩함에 이르라는 부름을 받고 있지만, 우리는 모두 죄를 범하여 하나님의 영광에 이르지 못하였다(롬 3:23). 그리고 우리가 지은 죄에 대한 삯은 사망이다(롬 6:23). 하나님은 거룩하신 분이기에 죄를 벌하셔야만 한다. 거룩하고 의로우신 하나님 앞에서 죄인은 단 일 초도 서 있을 수 없다. 사실 사람이 살아가면서 마주하는 인생의 여러 가지 근원적인 질문들 중에서도 가장 근본적인 질문은 바로 "부정한 죄인이 어떻게 거룩하신 하나님의 임재 가운데 서 있을 수 있겠는가?"라는 것이다.

그러나 긍휼이 풍성하신 하나님은 그분의 독생자를 이 세상에 보내어 우리의 대속물이 되게 하셨다(엡 2:4). 우리의 모든 더러움, 죄, 흠, 부정함을 전부 다 그리스도에게 전가시키고 그것을 십자가에 못 박으심으로써, 우리를 거스르는 채무 증서를 제하여 버리셨다(골 2:14). 그리고 예수님이 완벽하게 이루신 이중 순종(double obedience)의 증서를 우리의 공으로 돌리어 주셨다. 여기서 예수님의 이중 순종이란 수동적 순종(passive obedience)과 능동적 순종(active obedience)을 말한다. 수동적 순종은 그분이 우리의 죗값을 완전히 치르신 것이고, 능동적 순종은 그분이 우리를 대신하여 하나님의 율법을 완벽하게 지키신 것을 말한다. 우리는 믿음으로 그분과 하나가 되기 때문에 하나님이 우리를 보실 때에는 그분의 친 아들이신 예수 그리스도의 의로우심과 예수님께 있는 거룩하심의 증서를 보게 되신다.

생각해볼 질문

1. 요한계시록 15장에서 사도 요한은 하늘의 보좌를 둘러싸고 예배 드리는 환상을 보여준다. 이 예배의 가장 핵심은 바로 "어린 양의 노래"이다. 당신은 구약 성경에서 속죄의 희생제물로 바쳐졌던 어린 양(레 1:3 참조)은 "흠 없는" 것이어야만 했던 이유가 무엇이라고 생각하는가?

2. 구약 성경의 "흠 없는 어린 양"은 어떻게 하나님의 참된 어린 양, 예수 그리스도를 가리키는가?

3. 하나님의 "의롭고 참되심"(3절)과 하나님의 거룩하심 사이에는 어떤 관계가 있는가?

4. 하나님의 "의로우신 일"(4절)과 하나님의 거룩하심 사이에는 어떤 관계가 있는가?

5. 하나님이 거룩하신 분이라는 사실을 떠올릴 때 당신 자신에 대해 어떤 생각이 드는가? 하나님의 거룩하심을 생각할 때 당신의 마음속에 곧바로 생겨나는 반응이 있는가?

6. 바울 사도는 그의 서신들 전체에 걸쳐 다양한 그리스도인들을 "성도"라고 부르고 있다. 헬라어의 문자적 의미상 이 말은 "거룩한 사람들"이라는 뜻을 갖는다. 거룩함의 능력이 우리 스스로에게 있지 않은데 어찌하여 바울은 이처럼 불완전하고 거룩하지 않은 신자들을 "거룩"하다고 부를 수 있는가?

더 깊은 탐구

• 하나님의 거룩하심에 관한 또 다른 성경 본문으로는 출애굽기 15:11; 레위기 11:44; 역대하 20:21; 시편 30:4; 89:35; 110:3; 145:17; 이사야 6:3; 마가복음 1:24; 베드로전서 1:15, 요한계시록 4:8 등이 있다.

• 우리가 신앙생활 가운데 참여하게 되는 거룩한 일로는 세례와 성찬 같은 성례전이 있다. 사실 성례라는 말의 일부분인 "성(聖)"이라는 글자는 거룩함에 대한 이해로부터 비롯된 것이다.

• 또 한 가지 구별됨의 예를 명확하게 보여주는 것은 바로 성경, 곧 하나님의 거룩한 말씀이다. 하나님의 말씀은 다른 책들과는 전혀 다르다. 성경은 전적으로 성령님의 감동으로 기록된 것이며, 그렇기 때문에 궁극적으로 성경의 저자는 사람이 아닌 하나님이시다(딤후 3:16; 벧후 1:21). "거룩하다"는 말은 그것이 다른 것들과는 전적으로 다르고, 구별되며, 진실하고, 올바르다는 의미를 갖는다.

• R. C. Sproul, *The Holiness of God* (Carol Stream, Ill.: Tyndale House Publishers, 2000)도 보라.

7

하나님은 영이시다

묵상 본문

아버지께 참되게 예배하는 자들은 영과 진리로 예배할 때가 오나니 곧 이 때라 아버지께서는 자기에게 이렇게 예배하는 자들을 찾으시느니라 하나님은 영이시니 예배하는 자가 영과 진리로 예배할지니라

—요한복음 4:23–24

기도

하늘에 계신 아버지여, 영이신 아버지를 우리에게 계시하심으로써 우리가 아버지의 능력과 생명력, 그리고 성품을 알 수 있게 하여 주심을 감사드립니다. 영이신 아버지를 거스르는 죄가 저에게 있사오니 저를 용서하시고, 자만심과 자기 의, 그리고 시기심과 욕심 같은 죄에서 저를 깨끗이 씻어 주소서. 영이신 아버지를 합당하게, 영과 진리로, 진심을 다해, 경외하는 마음으로, 저의 전 존재를 다해 예배할 수 있도록 가르침을 베풀어 주소서. 또한 아버지께서 영이시라는 이 진리를 통해 제 삶에 영적인 열매가 맺힐 수 있게 하여 주소서.

예수님의 이름으로 기도합니다. 아멘.

▬ 성경적 관점

예수님은 사마리아 여인과 대화를 나누시던 도중에 그 여인에게 절실했던 "생명의 물"(요 4:10)을 공급해주셨다. 그와 함께 예수님은 그녀에게 회개를 촉구하셨다. 자신의 내면 안에 있었던 갈급함을 마주 대하는 것이 불편했던 그 여인은 자기 죄에 관한 문제를 회피하고 사마리아인들은 어디에서 예배를 드려야 하느냐는 정치적으로 민감한 질문을 꺼내 들었다. 하지만 예수님은 대화의 방향을 하나님이 그 여인을 향해 어떤 뜻을 품고 계신지에 관한 핵심 주제로 다시 돌리면서 이렇게 말씀하셨다. "이 산에서도 말고 예루살렘에서도 말고 너희가 아버지께 예배할 때가 이르리라…하나님은 영이시니 예배하는 자가 영과 진리로 예배할지니라"(21, 24절) 여기서 말하는 핵심 주제는 하나님이 영이시라는 사실이 우리가 하나님을 합당하게, 즉 영과 진리로 예배하는 일에 있어서 어떤 의미를 담고 있는지에 관한 것이다. 이 주제는 사마리아 여인에게뿐만 아니라 우리에게도 동일하게 적용된다.

그리스도께서 "하나님은 영이시니"라고 말씀하신 것은 무엇을 뜻하셨던 것인가? 그리스도께서는 우리에게 하나님은 "불멸하시고, 지혜와 명철이 무한하시며, 단순하시고, 보이지 않으시고, 형체가 없으시다"[1]는 것을 가르쳐주신 것이다. 웨스트민스터 신앙고백서 제2장 1항의 표현을 따르면, 하나님은 "가장 순전하신 영", 또는 지극히 신령한 영이시다.[2] 다시 말해서 그분은 그 누구와도 같지 않은 영이시다.

성경의 이야기 속에서 하나님은 자신의 본질을 "영"으로 계시하신다. 하나님은 이스라엘 백성에게 어떤 형상이나 형체를 가진 모양으로 그분의 임재를 나타내려 해서는 안 된다고 엄격하게 금하셨다(출 20:4). 하나님은 성막에서, 그리고 나중에는 성전에서 불과 영광스러운 구름을 통해 자신의 임재를 명확히 드러내셨다(출 40:34-38; 왕상 8:10-11). 하지만 "하늘과 하늘들의 하늘이라도 주를 용납하지 못하겠거든"(왕상 8:27)이라는 말씀이 보여주는 것과 같이 하나님은 이 땅의 성전에 얽매여 계시는 분이 아니었다. 하나님은 육체를 입고 계시거나 지역적인 제한을 받는 존재가 아니시며, 무한하신 영광의 영이시다. 이 사실은 구약의 성도들이 올바로 이해하고 있었던 사실이다.

하나님이 영이시라는 이 진리에 대한 최고의 계시는 예수 그리스도께서 세상에 오셔서 이 땅의 성전을 폐하심으로써 그분의 백성이 성부, 성자, 성령의 살아 있는 성전이 되게 하신 일이었다(고전 3:16; 벧전 2:5). 하나님의 임재는 눈으로 볼 수 있는 것은 아니지만, 그분의 백성이 그 임재를 경험하면 그들의 인격과 성품, 그리고 상호 관계

---

1 Arthur Hildersham, *Lectures upon the Fourth of John* (London: by G. M. for Edward Brewster, 1629), 189.

2 *Reformed Confessions*, 4:236. See the *London Baptist Confession* (2.1), in *Reformed Confessions*, 4:535.

에 놀라운 능력과 활력을 얻게 된다.

하나님이 영이시라는 사실과 관련된 몇 가지 측면을 생각해보자. 첫째, "하나님은 영이시니"라는 말씀을 통해 **하나님은 형체가 없으시다는 사실을 배우게 된다.** 즉 그분은 물리적인 몸이 없으시다. 이사야 31장 3절에서는 "애굽은 사람이요 신이 아니며 그들의 말들은 육체요 영이 아니라"라고 말함으로써 대조점을 잘 드러낸다. 사람들은 하나님이라는 존재를 하늘을 날아다니는 백발의 노인처럼 상상하곤 하지만, 이는 우상숭배적인 생각이다. "그분의 영적인 본질과 관련하여 우리는 땅의 것이나 육체적인 어떤 것으로 그분을 상상해서는 안 된다."[3] 우리가 드리는 예배 역시 마찬가지다. 예배는 어떤 장소나 정교하게 만든 의식에 초점을 맞추어서는 안 되며, 회개와 영적인 순종과 의로움 가운데 하나님께 나아가는 것이 되어야만 한다(시 51:17; 사 1:11-20; 호 6:6). 우리가 드리는 영적인 예배는, 세상에 오시어 우리의 죄를 씻으시고 하나님과 사람 사이에 새로운 만남의 장소가 되신 하나님의 어린 양(요 1:29; 2:19-21)에게 초점을 두어야만 한다.

둘째, "하나님은 영이시니"라는 말씀에는 **인간의 육체적 눈으로 하나님을 볼 수 없다는 의미가 담겨 있다.** 하나님이 우리에게 자신을 계시하실 때는 자신의 존재를 직접적으로 나타내시는 것이 아니라 피

3 Calvin, *Institutes of the Christian Religion*, ed. John T. McNeill, trans. Ford Lewis Battles (Philadelphia: Westminster, 1960), 1.13.1.

조 세계 안의 다양한 방편을 통하여 하신다. 결과적으로 우리는 보이지 않는 하나님이 자발적으로 자신을 드러내시는 것에 의존할 수밖에 없다. 우리가 하나님을 인지하는 것은 "믿음으로…보이지 아니하는 자를 보는 것 같이"(히 11:27) 하는 것이다. 하나님이 성경에 기록된 그분의 말씀과 성육하신 그분의 말씀인 예수 그리스도(요 1:14; 14:9) 안에서 자신을 계시하실 때, 당신은 믿음의 "증거"를 통해(히 11:1) 하나님을 붙잡을 수 있게 된다. 하나님이 눈에 보이지 않으신다는 사실 자체가 그분의 영광에 대한 계시이다. 그러한 차이가 하나님을 이 세상과 구별짓기 때문이다.

셋째, 예수님이 "하나님은 영이시니"라고 하신 말씀에는 **하나님이 지적인 인격체시라는 의미가 담겨 있다.** 하나님은 몰인격적인 힘이 아니시며, 지식과 의지와 애정(affection, 저자는 감정emotion과 구별되는 개념으로서 affection이라는 단어를 쓰고 있다—편집주)이 있는 인격적인 존재이시다. 아버지께서 자신을 참되게 예배하는 자들을 "찾으신다"는 말 안에 하나님의 목적과 열망이 내포되어 있다. 우리는 "영과 진리로"(요 4:23-24), 곧 인격적인 믿음으로 응답함으로써 그 뜻에 부응해야만 한다. 이처럼 하나님은 인격적이고 지적이며 애정이 있는 영이시기 때문에, 우리는 인격적이고 지적이며 애정을 다하는 방식으로 예배해야 그분을 올바로 예배할 수 있다(눅 1:46-47).

넷째, "하나님은 영이시니"라는 말씀에서 **우리는 그분의 강력한 생명력을 느끼게 된다.** "영"(프뉴마)이라고 번역된 단어는 에너지와 역동성을 암시하는데, 이는 곧 생명의 특징을 보여주는 것이다

(요 3:8; 6:63). 하나님은 끊임 없이 역동하시며, 또한 순수현실태(pure actuality)이시다. 예수님께서 사마리아 여인에게 베풀어 주시는 물은 살아 있는 물이다. 그리하여 그 물은 사람 안에서 "영생하도록 솟아나는 샘물"(요 4:10, 14)이 된다. 이 말씀에는 하나님은 자신 안에 생명을 갖고 계시며, 그분이 살아 있는 존재에 생명을 불어넣어 주시며, 그분만이 우리의 영혼을 만족케 하실 수 있는 유일한 분이라는 뜻이 담겨 있다.

그러므로 하나님이 영이시라는 사실은 실천적인 측면에서 의미하는 바가 굉장히 많다. 첫째, 하나님이 영이시라는 사실을 통해 우상숭배의 거짓이 드러난다. 이를 통해 우리는 "우상을 버리고 하나님께로 돌아와서 살아 계시고 참되신 하나님을 섬기"라는 권면을 받는다(살전 1:9). 둘째, 하나님이 영이시라는 사실로부터 우리는 하나님을 예배하는 일은 영과 진리로 단순하게 행해져야 함을 알 수 있다. 즉 하나님을 예배할 때는 그분의 말씀을 읽고, 그 말씀을 통해 기도하며, 그 말씀을 노래하고, 그 말씀을 선포하고, 세례와 성찬을 통해 그 말씀을 눈으로 본다. 셋째, 하나님이 영이시라는 사실에는 우리가 그분을 예배하는 일에 진정성과 이해가 담겨 있어야 한다는 요구사항이 포함되어 있다. 우리는 마음을 다해 주의를 기울여 기도해야 하며, 우리의 지각을 사용해야 하고, 또한 우리가 경이로우신 하나님의 임재 안에 있음을 두려운 마음으로 자각해야만 한다. 그뿐 아니라 우리는 인격적이고 영이신 하나님께 영광이 되지 않는 모든 요소를 제거해야 한다. 예를 들어, 공허한 전통주의, 피상적인 감정주의, 극단적으로 모든 형식을 바꾸면서 감각에 호소하는 감각주의 등이 예배 안으로 들어와 자리잡지 못하게 해야 한다. 마지막으로, 우리는 참되게 예배하는 자들로서 신령한 열매를 맺어야만 한다. 살아 계신 하나님을 아는 자는 그 영혼 안에 영생하도록 솟아나는 샘물을 갖고 있으며(요 4:14; 7:37; 17:3), 또한 교만, 시기, 악의, 욕심, 악한 욕망, 자기 의, 탐심과 같은 영혼의 죄로부터 자신의 마음을 지킨다. 하나님이 영이시라는 진리를 통하여 당신의 삶 속에 참된 영성이 일구어지기를 바란다.

생각해볼 질문

1. 하나님이 영이시라는 사실과 그분을 눈으로 볼 수 없다는 사실은 그리스도의 성육신을 어떻게 소중하게 만드는가? 또한 그러한 사실들은 어떻게 우리가 성경을 소중히 여기며 연구해야 하는 이유가 되는가?

2. 하나님이 영이시라는 사실은 우리가 그분을 초월적이고, 능력이 있고, 우리와는 구별되는 분으로 경외해야 하는 것과 어떻게 관련되어야 하는가?

3. 하나님이 영이시라는 사실은 우리가 그분의 가까이 하심과 언

약적 임재 안에서 기뻐하는 것과 어떻게 관련되어야 하는가?

4. 우리가 예배할 때 하나님이 영이시라는 사실을 거슬러 지을 수 있는 죄에는 어떤 것들이 있는가? 예배 중에 인격적인 영이신 하나님께 더욱 올바른 방법으로 영광을 돌리기 위해서는 당신의 마음이나 당신의 교회에 어떤 변화가 필요한가?

5. 하나님이 영이시라는 사실을 생각해볼 때, 당신은 어떤 특별한 "영혼의 죄"에 대해 도전을 받게 되는가?

더 깊은 탐구

- 하나님이 영이시라는 사실에 관한 또 다른 성경 본문으로는 창세기 1:1; 출애굽기 20:4-6; 40:34-38; 신명기 4:11-19; 역대하 32:8; 욥기 9:11; 시편 139:7; 예레미야 10:14; 17:5; 23:23-24; 하박국 2:18; 사도행전 17:29; 로마서 1:20; 고린도전서 3:16; 골로새서 1:15; 디모데전서 1:17; 6:16; 베드로전서 2:5 등이 있다.

- 성경은 하나님을 마치 인간과 같은 육체와 영혼을 갖고 계신 것처럼 묘사할 때가 있다. 이를 신인동형론[4]이라고 한다. 하

나님의 "손"과 "팔"이라는 표현은 창조주이시고 구원자이신 하나님께 어떤 능력이 있는지를 보여주는 은유적 기능을 하고 있다(시 139:10; 사 52:10). 하나님의 "손가락"이라는 표현은 그분의 성령께서 하시는 일을 나타낸다(마 12:28; 눅 11:20). 하나님의 "눈"은 그분의 지식과 섭리를 가리키는 비유적 표현인데(대하 16:9), 그것이 실제적인 육체의 눈을 뜻할 수 없는 이유는 그 눈은 모든 곳에 있기 때문이다(잠 15:3). 하나님의 "마음heart"과 "혼soul"이라는 표현은 그분의 생각과 감정을 나타낸다(왕상 9:3; 시 11:5). 신인동형론적 표현을 통해 우리는 하나님에 대한 중요한 진리를 얻을 수 있지만, 그렇다고 해서 그분을 피조물의 한계 안에 가두어 그분의 영광을 가리는 일을 해서는 결코 안 될 것이다. 오히려 우리는 성경에 계시된 하나님의 속성에 비추어 그러한 신인동형론적 표현들을 해석해야만 한다. 스티븐 차녹은 "태양 광선이 그 자체로는 우리에게 커다란 해를 입힐 수도 있지만 지구의 대기를 통해 걸러짐으로써 오히려 빛을 밝혀주고 따뜻하게 해주는 것처럼, 하나님께서도 스스로 낮추시어 인간의 언어로 자신을 계시하심으로써 그분의 영광이 우리에게 해가 되지 않고 오히려 우리를 치유하고 도움이 되도록 하셨다"고 말했다.[5]

---

4 신인동형론(Anthropomorphism) : 인간의 특성을 하나님께서도 가지고 계시다는 이론.

- Henry Scougal, *The Life of God in the Soul of Man: Real Religion* (Fearn, Rosshire: Christian Focus, 2012); *Spirit & Truth: A Film about Worship*, directed by Les Lanphere (Port Saint Lucie, Fla.: Broken Stone Studio, 2019), DVD도 보라.

---

5 Stephen Charnock, *The Existence and Attributes of God* (1853; repr., Grand Rapids: Baker, 1996), 1:199.

8

하나님은 단순하시다

묵상 본문

이스라엘아 들으라 우리 하나님 여호와는 오직 유일한 여호와이시니 너는 마음을 다하고 뜻을 다하고 힘을 다하여 네 하나님 여호와를 사랑하라

—신명기 6:4–5

기도

영원히 복되신 주여, 하나님은 나뉘지 아니하시고, 주님의 모든 속성이 모든 순간마다 주님의 존재 안에 온전히 있으며, 주께서 곧 그 속성 자체이심을 찬양 드립니다. 이제 하나님의 단순성의 교리를 묵상하고자 하오니 제 지각과 마음에 십자가의 진리를 각인시켜 주소서. 주님의 구속 사역이 정점을 이룬 그 십자가에서 주님의 단순성이 가장 밝게 빛나고, 또한 주님의 모든 속성이 그곳에서 드러났으며, 아들께서 그 모든 속성의 하나 됨을 찬란히 드러내셨습니다. 예수 그리스도의 영광스러운 이름으로 기도합니다. 아멘.

성경적 관점

현대의 그리스도인들은 하나님의 단순성을 부인하는 경우가 많다. 그 이유는 "단순한simple"이라는 단어에 내포되어 있는 부정적인 어감 때문이다.[1] 하지만 하나님의 단순성이란, 하나님이 여러 부분으로 구성되거나 여러 부분으로 나누어지지 않는 완전한 단일체이심을 의미한다.[2] 하나님은 부분들로 이루어져 있지 않으시다. "어떤 대상의 한 부분이란 전체보다 작고, 그 부분이 없으면 그 전체가 원래와 다른 것이 되는 것이다."[3] 그러므로 하나님의 단순성은 그분의 여러 속성과 본질이 그분 안에서 완전히 하나라는 의미이다.[4]

우리는 그리스도께서 "하나님은 영이시니"(요 4:24)라고 하신 말씀에서부터 하나님의 단순성에 대한 생각을 시작할 수 있다. 그리스도께서는 하나님께 영이 있다고 말씀하지 않고, "하나님은 영이시니"라고 말씀하셨다. 이와 마찬가지로 하나님께 빛과 사랑이 있는 것이 아니고, "하나님은 빛이시고", "하나님은 사랑이시다"(요일 1:5; 4:8, 16)라는 표현들이 사용된다. 이 표현들은 하나님의 일부를 선

---

1 Mark Jones, *God Is: A Devotional Guide to the Attributes of God* (Wheaton, Ill.: Crossway, 2017), 31.

2 William Perkins, *An Exposition of the Symbol, in The Works of William Perkins* (Grand Rapids: Reformation Heritage Books, 2017), 5:19.

3 James E. Dolezal, *All That Is in God: Evangelical Theology and the Challenge of Classical Christian Theism* (Grand Rapids: Reformation Heri-tage Books, 2017), 40.

4 A. A. Hodge, *Outlines of Theology* (1879; repr., Grand Rapids: Zondervan, 1972), 136.

언하는 것이 아니라, 하나님의 전부를 선언한다. 하나님의 본질적인 사랑의 행위는 그분 자체이다. 사랑한다는 것은 누군가를 위해 선을 꾀한다는 것이며, 토마스 아퀴나스의 말처럼 "하나님이 꾀하시는 선은 곧 그분 자신이다."[5]

하나님의 속성들은 곧 하나님 자체이다. 하나님의 신실하심이 곧 하나님이고, 하나님의 친절하심이 곧 하나님이며, 하나님의 공의가 곧 하나님이다. 그뿐만 아니라 성경은 하나님이 한 부분은 영이시고, 한 부분은 빛이시며, 한 부분은 사랑이시라고 말하지 않는다. 오히려 하나님은 영이시고, 하나님은 빛이시며, 하나님은 사랑이시라고 말한다. 이는 하나님을 표현하는 이들 단어가 각각 하나님의 전 존재를 개괄적으로 보여준다는 뜻이다. 그렇기 때문에 하나님의 여러 속성들이 그분의 존재(being) 안에서 하나가 된다. 하나의 속성이 또 다른 속성을 수식함으로써 하나님의 능력은 "영원한 능력"(롬 1:20)이 되고, 그분은 사랑 안에서 "정의를 사랑하신다"(시 33:5).[6]

이제 하나님의 단순성을 실천적으로 풍성하게 적용할 수 있는 세 가지 방법을 살펴보자. 첫째, **하나님이 단순하시다는 것을 통해 우리는 하나님이 임재하시는 곳 어디에나 그분이 모든 속성과 함께 임재하심을**

---

5 Thomas Aquinas, *Summa Theologica*, trans. Fathers of the English Dominican Province (London: R & T Washbourne, 1914), *Pt. 1*, Q. 20, Art. 1, Reply Obj. 3.

6 John Owen, *Vindiciae Evangelicae: Or, The Mystery of the Gospel Vin-dicated and Socinianism Examined,* in *The Works of John Owen*, ed. William H. Goold, 16 vols. (1850–1853; repr., Edinburgh: Banner of Truth, 1965–1968), 12:72.

확신할 수 있다.[7] 하나님의 완전하심들(perfections)은 공간적으로 열어지거나 희석되지 않으며 서로 분리되지도 않는다. 따라서 하나님의 총체가 언제나 우리와 함께하시니 우리는 그분을 두려워해야 한다. 언제나 우리는 무한하시고, 영원하시며, 불변하시는, 지혜와, 능력과, 공의와, 사랑의 하나님의 임재 안에서 살고 있다. 이것은 또한 소망을 낳는다. 우리는 그리스도를 통해 하나님의 총체가 그분의 자녀들과 함께하며, 그것이 곧 우리에게 최고의 선이 된다는 온전한 확신을 갖고 그분께 기도할 수 있다.

둘째, **하나님의 단순성은 신실한 복음주의적 거룩함과 사랑을 촉진한다.** 하나님이 "하나님은 빛이시라", "하나님은 사랑이심이라"라는 말씀을 통해 자신의 단순성을 계시하신 것은, 이론적인 강론으로 말씀하신 것이 아니라 그리스도인의 실천적인 삶을 권면하신 것이다. 각각의 말씀을 그 맥락 속에서 살펴보라. "하나님은 빛이시라 그에게는 어둠이 조금도 없으시다는 것이니라 만일 우리가 하나님과 사귐이 있다 하고 어둠에 행하면 거짓말을 하고 진리를 행하지 아니함이거니와"(요일 1:5-6). "사랑하는 자들아 우리가 서로 사랑하자 사랑은 하나님께 속한 것이니 사랑하는 자마다 하나님으로부터 나서 하나님을 알고 사랑하지 아니하는 자는 하나님을 알지 못하나니 이는 하나님은 사랑이심이라"(요일 4:7-8). 요한은 지금 하나님의

7 Thomas C. Oden, *Systematic Theology: Volume 1, The Living God* (San Francisco: Harper and Row, 1987), 1:57.

감춰진 본질에 대해 사색해보라고 권하는 것이 아니다. 그는 우리가 "하나님을 참되게 아는 자들과 그렇지 않은 자들을 분별할 수 있도록"[8] 돕고 있다. 따라서 하나님의 단순성을 알게 되면 그리스도인으로서 진실해야 함을 더욱더 깊이 깨닫게 된다. 하나님이 자신을 빛과 사랑과 동일시하여 알려주셨기 때문에, 빛과 사랑 안에서 행하지 않으면서 그분을 안다고 하는 것은 모순이다. 우리가 하나님을 안다는 증거는 그분과 동행하며, 그분을 닮는 것이다.

"거룩함과 진실함"으로 살아가는 것은 하나님 앞에 선한 양심의 기초를 놓는 일이다(고후 1:12). 하나님의 단순성은 곧 그리스도인의 모든 덕목을 하나로 수렴하는 지점이 된다. 온 마음을 다하여 하나님을 신뢰하고, 다른 이들을 대할 때 두 마음을 품지 말고 진실함과 거룩함으로 대하도록 하자.[9]

셋째, **하나님의 단순성은 성령의 열매는 서로 분리될 수 없음을 의미한다.** 거룩함에는 깊은 일치(unity)가 포함되어 있다. 거룩함을 통해 하나님의 단순성이 은은하게 드러나기 때문이다. 사랑은 오래 참고, 사랑은 온유하며, 사랑은 교만하지 아니하고, 사랑은 불의를 기뻐하지 않고 진리를 기뻐하며, 사랑은 모든 것을 참으며, 모든 것을

---

8 Greg Nichols, *Lectures in Systematic Theology, Volume 1, Doctrine of God*, ed. Rob Ventura (Seattle: CreateSpace Independent Publishing Platform, 2017), 1:170.

9 Petrus van Mastricht, *Theoretical-Practical Theology, Volume 2: Faith in the Triune God* (Grand Rapids: Reformation Heritage Books, 2019), 147-53.

견딘다(고전 13:4-7). 자기의 마음을 다스리고 노하기를 더디 하는 것이 참된 힘이며, 그 힘은 성을 빼앗는 용사의 힘보다 더 강하다(잠 16:32; 25:28). 인내와 절제를 소홀히 하면서 사랑을 추구할 수는 없다(갈 5:22-23). 지식과 총명이 자라지 않으면서 사랑이 넘칠 수는 없다(빌 1:9). 그러므로 총체적인 경건을 추구하자. 그것이 바로 하나님을 닮는 길이다.

생각해볼 질문

1. 누군가가 하나님의 단순성이 무엇을 의미하는지 묻는다면 당신은 어떻게 설명하겠는가?

2. 당신은 성경에 나오는 "하나님은 영이시다. 하나님은 빛이시다, 하나님은 사랑이시다." 등의 표현이 그분의 단순성에 대한 가르침이라고 믿는가? 믿는다면 왜 그런지, 믿지 않는다면 왜 그렇지 않은지에 대해 설명해보라.

3. 하나님의 모든 속성이 매 순간 당신과 함께한다는 사실을 묵상해보라. 이 사실이 당신에게 어떠한 영향을 미치는가?

4. 본 장에서 제시한 적용점들 중에서 지금 당신의 삶에 가장 적

실한 것은 무엇인가? 하나님의 단순성으로부터 당신은 어떻게 평안과 거룩함을 이루어 낼 수 있겠는가?

5. 인내나 절제를 소홀히 하면서 사랑을 추구할 수 없고(갈 5:22-23), 지식과 총명이 자라지 않으면서 사랑을 넘치게 할 수는 없다는(빌 1:9) 실천적인 적용점을 묵상해보라. 이것이 지금 당신의 삶에 어떻게 적용되는가?

더 깊은 탐구

- 하나님의 단순성에 관한 또 다른 성경 본문으로 신명기 6:4; 예레미야 23:6; 스가랴 14:9; 로마서 8:10; 고린도전서 8:4; 디모데전서 2:5; 야고보서 1:17 등이 있다.

- 하나님의 단순성에 관한 교리는 고대 교회로부터 전해 내려오는 신학적 유산이다. 이레니우스(Irenaeus)는 다음과 같이 말했다. "그분은 단순하시고, 혼합되지 않은 존재이시며, 여러 구성요소 없이 전체가 하나이시며, 그분 자체와 동일하신 분이다. 왜냐하면 그분은 전체가 총명이시고, 전체가 영이시며, 전체가 생각이시고, 전체가 지각이시며, 전체가 이성이시고, 전체가 들으시며, 전체가 보시며, 전체가 빛이시고, 모든 선한 것의 총체

적인 근원이시기 때문이다."[10] 아우구스티누스 역시 다음과 같이 말했다. "삼위일체의 본질은 단순하다고 불린다. 그 안에는 상실될 수 있는 것이 없으며, 삼위일체는 마치 하나의 컵과 그 안에 담긴 술, 육체와 그 피부색, 마음과 그 지혜처럼, 어떤 대상과 그 안의 내용물이 서로 별개로 존재하는 것이 아니기 때문이다."[11] 또한 벨직 신앙고백(제1조)을 보라.

• 이와 같이 단순하신 하나님이 복음 안에서 자신을 삼위일체 하나님으로 계시하신다. 성부 하나님은 변함도 없고 회전하는 그림자도 없는 순전한 빛이시다(약 1:17). 성육신하신 성자 하나님은 그 빛을 가져오실 뿐만 아니라 그분 스스로가 빛이시다(요 8:12). 성령님이 일으키신 믿음으로 그리스도와 연합한 자들에게 그리스도는 길이요, 진리요, 생명이 되시며(요 14:6), 지혜와 의로움과 거룩함과 구원함이 되신다(고전 1:30).

• Steven J. Duby, *Divine Simplicity: A Dogmatic Account* (New York: Bloomsbury T&T Clark, 2016); Petrus van Mastricht, *Theoretical-Practical Theology, Volume 2: Faith in the Triune God* (Grand Rapids: Refor-mation Heritage Books, 2019), 143-53; Mark Jones, *God Is*

---

10 Irenaeus, *Against Heresies*, 2.13.3, *in ANF*, 1:374.

11 Augustine, *The City of God*, 11.10, in *NPNF[1]*, 2:211.

(Wheaton, Ill.: Crossway, 2019)도 보라.

9

하나님은 삼위일체이시다

묵상 본문

예수 그리스도의 사도 베드로는 본도, 갈라디아, 갑바도기아, 아시아와 비두니아에 흩어진 나그네 곧 하나님 아버지의 미리 아심을 따라 성령이 거룩하게 하심으로 순종함과 예수 그리스도의 피 뿌림을 얻기 위하여 택하심을 받은 자들에게 편지하노니 은혜와 평강이 너희에게 더욱 많을지어다

—베드로전서 1:1–2

기도

지극히 높으신 우리 하나님, 성부와 성자와 성령의 삼위로 계신 그 영광을 찬양합니다. 세 위격께서 우리의 구원을 위해 일하시니 참으로 감사합니다. 성부 하나님은 그 아들을 보내어 자기 백성을 택하시고, 성자 하나님은 구속을 성취하시고, 성령 하나님은 그것을 우리에게 적용해주십니다. 저는 각 위격을 더 알고 더 사랑하기를 원합니다. 성경에 계시된 삼위 하나님의 본질을 통하여 제 마음이 기쁨으로

가득 차게 하여 주시고, 성경에서 말씀하지 않으신 것에 대해서는 제 마음도 겸손히 하나님을 의지함으로써 침묵할 수 있게 하여 주소서. 삼위 하나님의 영광을 묵상함으로써 성령님의 은혜로 말미암아 제 삶과 예배가 거룩하여지게 하소서. 임마누엘의 이름으로 기도합니다. 아멘.

성경적 관점

예수 그리스도의 복음이 시작되는 시점에, 우리는 성부, 성자, 성령의 세 위격께서 한 하나님으로서 행하시는 모습을 만난다. "곧 물에서 올라오실새 하늘이 갈라짐과 성령이 비둘기 같이 자기에게 내려오심을 보시더니 하늘로부터 소리가 나기를 너는 내 사랑하는 아들이라 내가 너를 기뻐하노라 하시니라"(막 1:10-11).

부활하신 그리스도께서 교회에 사명을 주시는 곳에서도 삼위일체 하나님을 볼 수 있다. "모든 민족을 제자로 삼아 아버지와 아들과 성령의 이름으로 세례를 베풀고"(마 28:19). 여기서 "이름"이라는 단수 명사를 사용한 것은 하나님이 한 분이심을 의미하며, 그럼에도 세 위격을 평행 구조 속에 나열한 것은 각각의 위격에 동일한 영광이 있다는 사실을 나타낸다.

사도들도 세상에 복음을 전하면서 삼위일체적인 은혜의 소식을 전했다. 베드로는 그의 첫 번째 서신의 서두에서 성부 하나님의 미리 아심, 성자 예수님의 피 뿌림, 성령 하나님의 거룩하게 하심을 통해 그리스도인들을 구원하는 삼위일체 하나님의 놀라운 구원 사역에 경탄한다(벧전 1:2). 바울은 "우리 주 예수 그리스도의 아버지"께 "그의 성령으로" 역사하여 주셔서 "믿음으로 말미암아 그리스도께서 너희[에베소 교인들] 마음에 계시게"(엡 3:14-17) 하여 달라고 기도한다. 요한 역시 "아버지가 아들을 세상의 구주로 보내신 것"을 증언하였고, 하나님이 "그의 성령을 우리에게 주시므로" 그분이 우리 안에 거하시는 것을 안다고 말했다(요일 4:13-14).

성경의 메시지는 분명하다. 삼위의 각 위격께서 각각 하나님의 구속 사역을 감당하고 계신다는 것이다. 비록 삼위일체라는 단어 자체는 성경에 없지만, 그에 대한 기본 교리는 하나님의 말씀에서 가르치는 몇 가지 짧은 명제로 요약될 수 있다.

- 하나님은 한 분이시다.
- 성부는 하나님이시고, 성자도 하나님이시며, 성령도 하나님이시다.
- 성부, 성자, 성령은 세 위격이시다.
- 성부는 성자의 아버지이시고, 성자는 성부의 아들이시며, 성령은 성부와 성자의 영이시다.
- 성부, 성자, 성령은 한 하나님이시다.

이와 같이 살아 계신 하나님은 "성부, 성자, 성령의 세 위격으로 존재하시며, 이 세 위격은 본질에 있어서 동일하시고 능력과 영광이 동등하신 한 하나님이시다."[1] 하나님의 세 위격을 구분한다고 해서 세 위격이 서로 분리되는 것은 아니며, 오히려 성부, 성자, 성령은 서로의 안에 거하시므로 하나로 결속되신다. 삼위일체의 각 위격은 신적인 모든 영광을 상호 공유하심으로써 다른 두 위격을 온전히 품고 아우르시되, 그렇다 하더라도 어느 하나의 위도 구별된 독자적인 위격을 잃어버리지는 않는다. 이제 이 삼위일체 교리가 어떻게 복음과 우리의 삶에 영향을 미치는지 생각해보자.

첫째, 성경은 복음의 삼위일체적 모습을 선포한다. 베드로전서 1장 말씀을 통해 보았듯이, 삼위일체의 각 위격께서는 우리의 구원을 위해 필수불가결한 역할을 감당하신다. 성부는 구원의 창시자이자 성자와 성령을 보내신 분이다. 성부가 없다면, 성자와 성령을 세상에 보내시거나, 성자의 희생제사를 받아주시거나, 구원받은 자들이 성령의 감동을 통하여 드리는 기도를 들어주실 분이 없을 것이다. 그리스도께서는 아버지의 뜻을 행하러 오셨다(갈 1:4). 만약 성자 하나님의 순종과 고난이 없다면, 하나님의 저주를 피하거나, 성령 안에서 주시는 하나님의 축복을 누릴 수 있는 사람은 아무도 없을 것이다. 이와 마찬가지로 성령께서는 우리의 마음을 "아빠 아버지"께로 이끄신다. 성자와 성령께서 행하시는 이 하나된 사역은 성부 하나님께 영광을 돌리는 것을 목표로 한다(빌 2:11). 만약 성령의 중생과 내주가 없다면, 그리스도의 구속 사역으로부터 유익을 얻을 수 있는 사람은 아무도 없을 것이다. 또한 하나님의 자녀가 되어 그

---

1 Westminster Shorter Catechism (Q. 4–6), *Reformed Confessions*, 4:353–54.

분과 화목을 이루게 되었다는 사실을 확신할 수 있는 사람도 전혀 없을 것이다. 성령 없이는 하나님이 구원받은 자들의 마음속에 거하시면서 그들이 성부, 성자와 관계를 맺도록 하실 수도 없을 것이다. 결국 삼위일체가 없다면 복음도 사라지고 마는 것이다.

둘째, 삼위일체는 기독교 교리의 핵심일 뿐만 아니라 예배와 삶에 있어서도 중심이 된다. 삼위일체 교리는 관계가 기독교 신앙의 핵심이라는 것을 상기시킨다. 다른 그리스도인들과 단절된 상태에서 삼위일체 하나님을 예배한다는 것은 어불성설이다. 더글라스 켈리는 "하나님은 공동체 안에서 자신을 알리신다. 이것은 굉장히 중요한 사실이다. 왜냐하면 하나님은 자신 안에서 이미 스스로 공동체이시기 때문이다"라고 말한다.[2] 온 힘을 다해 다른 사람들과 화목을 이루지 않고 그렇게 깨어진 관계 속에 살아가면서 마치 삼위일체 하나님을 아는 것처럼 행해서는 안 된다. 우리는 하나님의 성도들과의 평화와 화합과 연합 가운데, 동반자 의식과 깊은 우정을 향유하며 살아가기 위해 노력해야만 한다.

삼위일체의 실재를 올바로 인식하게 되면 우리의 기도에도 능력이 더해지고, 삼위일체 하나님에 대한 사랑으로 그 기도가 뜨거워지며, 쉬지 않고 기도할 수 있는 힘을 얻게 된다. 성육신하신 아들께서 아버지께 기도하셨던 것처럼(막 14:36), 성령님은 하나님의 양자로

---

2 Douglas F. Kelly, *Systematic Theology: Grounded in Holy Scripture and Understood in the Light of the Church, Volume 1, The God Who Is: The Holy Trinity* (Fearn, Ross-shire, Scotland: Christian Focus, 2008), 555.

하여금 극심한 슬픔 가운데서도 그분의 능력을 힘입어 아버지께 기도할 수 있게 하신다.

더 나아가 사람의 제일 되는 목적이 하나님을 영화롭게 하고 영원토록 그분을 즐거워하는 것이라면, 이 하나님이 거룩하신 삼위일체 하나님이라는 사실을 아는 것은 우리에게 너무나도 중요한 일이 아닐 수 없다. 당신은 삼위일체 하나님을 예배하고 있는가? 당신은 성부, 성자, 성령의 세 위격으로 계신 한 하나님을 사모하고 있는가? 당신은 이 세 위격께서 모두 각각의 역할을 감당하심으로써 하나님의 구원의 경륜을 온전히 이루신다는 것이 복음의 메시지임을 믿고 있는가? 혹 한 위격이나 두 위격에 대해서만 믿고 있지는 않는가? 당신은 성자를 생각함으로써 성부와 성령도 사랑하게 됨을 느끼고 있는가? 그리고 그것은 세 위격 중 어떤 분에 대해서도 마찬가지인가? 우리가 삼위일체 교리를 올바로 알고 있는지를 진정으로 확인할 수 있는 방법은 참 하나님을 얼마나 이해하고 있느냐를 보는 것이 아니라, 그분을 얼마나 예배하고 있는지를 보는 것이다.

우리는 이 교리를 소중히 여기고, 성경에서 연구하고, 우리의 마음이 뜨거워질 때까지 묵상해야 한다. 나아가 교회 안에서 전해져 내려온 모든 자료를 바탕으로 이 교리를 가르치고 수호해야만 한다.

생각해볼 질문

1. 복음은 어떤 면에서 삼위일체적인가? 하나님이 삼위일체가 아니시라면 복음에는 어떤 일이 일어나겠는가?

2. 구약 성경은 하나님께 여러 위격이 있다는 사실에 대해 어떻게 증언하고 있는가?

3. 신약 성경 안에 삼위일체의 구도(성부, 성자, 성령)를 보여주는 예로는 어떤 것들이 있는가?

4. 다음의 사실들로부터 당신의 믿음과 삶에는 어떤 차이가 생겨날 수 있는가?
   - 하나님은 오직 한 분이시다.
   - 예수 그리스도께서는 성부의 아들이시다.
   - 예수 그리스도께서는 하나님이시다.
   - 성령님은 그저 어떤 능력이 아니시고, 당신을 인격적으로 다스리시는 주님이시다.

5. 삼위일체 하나님에 관한 교리로 인해 당신의 삶 속에는 어떠한 실제적인 차이가 생길 수 있는가?

더 깊은 탐구

• 삼위일체 하나님에 관한 또 다른 성경 본문으로는 요한복음 1:18; 10:38; 14:10-11; 17:21; 로마서 8:9; 고린도후서 13:14; 갈라디아서 4:4-6; 디도서 3:4-6; 요한일서 1:3 등이 있다.

• 구약 성경은 하나님이 한 분이라고 강조하지만(신 6:4), 그곳에서 우리는 한 분 하나님 안에 계시는 세 위격의 그림자를 발견하게 된다. 창조에 관한 기록에서는 "하나님의 영"을 언급하며(창 1:2), 이사야 선지자는 이 영을 이스라엘 백성이 근심하게 만든 이스라엘의 주님이라고 밝힌다(사 63:10). 또한 우리는 "주의 사자"라고 불리는 불가사의한 존재를 볼 수 있는데, 그분은 하나님으로부터 보내심을 받았으면서도 스스로 하나님처럼 말하고 행동한다(창 16:7-14; 22:11-18; 출 3:1-6; 23:20-22; 민 22:22, 35, 38; 삿 2:1-5; 6:11-24; 13:1-22). 구약 성경에는 하나님이 보내실 메시아에 대한 예언도 있다. 다윗은 오실 그리스도를 "내 주"라고 불렀고, 그분이 하나님의 우편에 앉아 계시는 모습을 미리 보았다(시 110:1). 이는 평범한 사람이 아니라 오직 하나님의 아들에게만 가능한 표현이다(마 22:41-46; 사 9:6; 미 5:2; 시 45:6-7 참조). 그러므로 그 왕은 곧 하나님이시며, 하나님과 백성 사이에서 중보자의 역할을 하신다. 신약 성경에서는 예수 그리스도의 오심

을 통하여 삼위일체 교리가 그림자의 모습을 벗고 대낮 같이 환한 빛으로 드러났다.

• John Owen, *Communion with God*, vol. 2 of *The Works of John Owen* (repr., Edinburgh: Banner of Truth, 2014); Ryan McGraw, *Is the Trinity Practical?* (Grand Rap-ids: Reformation Heritage Books, 2015); Michael Reeves, *Delighting in the Trinity: An Introduction to the Christian Faith* (Downers Grove, Ill.: IVP Academic, 2012); Rob-ert Letham, *The Holy Trinity*, rev. ed. (Phillipsburg, N. J.: P&R, 2019); Fred Sanders, *The Deep Things of God: How the Trinity Changes Everything* (Wheaton, Ill.: Crossway, 2010)도 보라.

10

하나님은 창조주이시다

묵상 본문

누가 손바닥으로 바닷물을 헤아렸으며 뼘으로 하늘을 쟀으며 땅의 티끌을 되에 담아 보았으며 접시 저울로 산들을, 막대 저울로 언덕들을 달아 보았으랴…그는 땅 위 궁창에 앉으시나니 땅에 사는 사람들은 메뚜기 같으니라 그가 하늘을 차일 같이 펴셨으며 거주할 천막 같이 치셨고…너희는 눈을 높이 들어 누가 이 모든 것을 창조하였나 보라 주께서는 수효대로 만상을 이끌어 내시고 그들의 모든 이름을 부르시나니 그의 권세가 크고 그의 능력이 강하므로 하나도 빠짐이 없느니라…너는 알지 못하였느냐 듣지 못하였느냐 영원하신 하나님 여호와, 땅 끝까지 창조하신 이는 피곤하지 않으시며 곤비하지 않으시며 명철이 한이 없으시며

—이사야 40:12, 22, 26, 28

기도

하늘에 계신 아버지여, 아버지께서 저를 지으셨기에 제가 이토록 심

히 기묘하게 만들어졌습니다. 아버지께서 저의 창조주이시며, 저는 아버지의 피조물입니다. 이 땅의 모든 것을 지으신 아버지께 대한 감사가 제 마음에 넘치게 하여 주소서. 저를 아버지께 가까이 이끌어주시어 아버지의 약속 안에서 평안을 누리고 아버지와의 교제를 누리게 하여 주소서. 그리스도의 이름으로 기도합니다. 아멘.

성경적 관점

"태초에 하나님이 천지를 창조하시니라"(창 1:1). 하나님은 능력의 말씀으로 무(無)로부터 만물을 창조하셨다. 오직 하나님만이 영원 전부터 영원까지 창조되지 않은 유일한 존재이시다. 창세기의 서두 몇 장에서는 세상을 창조하신 그분의 능력과 창조 그 자체의 본질에 관하여 몇 가지 구체적인 사실들을 설명하고 있다. "하나님이 지으신 그 모든 것을 보시니 보시기에 심히 좋았더라"(창 1:31). 하나님이 처음 지으신 피조물들 안에는 악한 것이 전혀 없었으며, 하나님은 그 모든 것에 대해서 그저 "좋았더라"라고 선언하실 뿐이었다.

하나님의 창조의 정점은 그분의 형상을 따라 남자와 여자를 지으신 것이었다(창 1:27). 사람이 하나님의 형상을 따라 창조되었다는 것은 사랑, 공의, 긍휼, 자비, 양선 등 하나님의 공유적 속성들을 드러내도록 창조되었음을 의미한다. 그러나 하나님의 형상을 따라 창조되었다는 말 안에는 사람이 관계를 위하여 창조되었다는 뜻도 내포되어 있다. 이미 9장에서 살펴본 것처럼 하나님은 성부, 성자, 성령의 세 위격의 한 하나님으로 존재하신다. 그렇기에 하나님은 본질상 관계적이시고, 우리를 하나님 자신과는 물론 다른 사람들과도 관계를 맺는 존재로 창조하셨다.

하나님이 창조주시라는 말은 그분의 창조를 통하여 그분의 사역, 그분의 능력, 그분의 지혜가 울려 퍼지고 드러났다는 의미이다. 창조는 하나님의 일반 계시로서, 그분의 영원하신 능력과 신성을 증거한다(롬 1:20). 다윗 왕은 "하늘이 하나님의 영광을 선포하고 궁창이 그의 손으로 하신 일을 나타내는도다"(시 19:1)라고 외쳤다. 온 세상의 창조주로서 하나님이 하신 일들을 생각해보면 우리는 더욱 겸손해질 수밖에 없다. 다윗 또한 "주의 손가락으로 만드신 주의 하늘과 주께서 베풀어 두신 달과 별들을 내가 보오니 사람이 무엇이기에 주께서 그를 생각하시며 인자가 무엇이기에 주께서 그를 돌보시나이까"(시 8:3-4)라고 고백한다.

우리를 지으심이 심히 기묘하므로(시 139:14) 우리는 하나님께 찬양을 드려야 한다. 당신이 태어나기도 전에 하나님은 당신에 관한 모든 것을 아셨고(렘 1:5 참조), 그 후에 모태에서 당신을 은밀하게 지으셨다(시 139:15). 하나님은 공중의 새들과 바다의 물고기들까지 모든 것을 그분의 영광을 위하여 창조하셨다. 그리고 하나님은 당신도 그분의 영광을 위하여 지으셨다. 당신이 참된 신자라면 그분은 당신으로 말미암아 기쁨을 이기지 못하실 것이다(습 3:17).

또 한 가지 유념해야 할 중요한 점은 삼위일체 하나님의 세 위격 모두 창조에 관여하셨다는 사실이다. 창조시에 하나님의 영이 수면 위에 운행하신 것처럼(창 1:2), 그리스도께서도 창조의 주체가 되셨다. 하나님은 그리스도를 통하여 세상을 창조하셨다. 이에 대하여 사도 요한은 "만물이 그[그리스도]로 말미암아 지은 바 되었으니 지은 것이 하나도 그가 없이는 된 것이 없느니라"(요 1:3)라고 기록하고 있다. 또한 바울 역시 "만물이 그[그리스도]에게서 창조되되 하늘과 땅에서 보이는 것들과 보이지 않는 것들과…만물이 다 그로 말미암고 그를 위하여 창조되었고"(골 1:16)라고 말한다. 그리고 히브리서 기자도 "그로 말미암아 모든 세계를 지으셨느니라"(히 1:2)라고 말하며 예수님이 세상 창조에 관여하신 사실을 증언한다.

그러나 사람은 죄를 짓는 성향이 있고, 그 마음은 우상의 제조 공장[1]과 같아서 어떠한 것이든 다 우상으로 만들어 숭배하려는 경향이 있다. 이에 대해 바울은 로마서에서 인간은 "썩어지지 아니하는 하나님의 영광을 썩어질 사람과 새와 짐승과 기어다니는 동물 모양의 우상으로 바꾸었느니라"(롬 1:23)라고 설명한다. 즉 남자가 됐든 여자가 됐든, 죄 많은 우리는 창조주를 예배하기보다 피조물을 섬기는 방향으로 타락한 것이다.

그런데 하나님은 그분의 피조물과 다시 화목을 이루시려고 독생자를 보내셨다. 그리스도를 통해 이루고자 하시는 하나님의 목적은 "하늘에 있는 것이나 땅에 있는 것이 다 그리스도 안에서 통일되게 하려 하심"(엡 1:10)이다. 바울은 "하나님께서 그리스도 안에 계

---

1 John Calvin, *Institutes of the Christian Religion*, ed. John T. McNeill, trans. Ford Lewis Battles (Louisville, Ky.: Westminster John Knox Press, 1960), 1.11.8.

시사 세상을 자기와 화목하게 하시며 그들의 죄를 그들에게 돌리지 아니하시고"(고후 5:19), "피조물도 썩어짐의 종 노릇 한 데서 해방되어 하나님의 자녀들의 영광의 자유에 이르는 것이니라"(롬 8:21)라고 말한다.

그런즉 "누구든지 그리스도 안에 있으면 새로운 피조물이라 이전 것은 지나갔으니 보라 새 것이 되었도다"(고후 5:17). 예수님을 믿음으로 하나님의 새로운 피조물이 된 우리는 은혜로 거룩함에 이르라는 부르심을 받았다. 오직 하나님의 은혜로 구원을 받은 우리는 선한 일을 위하여 지으심 받은 자들이다. "우리는 그의 만드신 바라 그리스도 예수 안에서 선한 일을 위하여 지으심을 받은 자니 이 일은 하나님이 전에 예비하사 우리로 그 가운데서 행하게 하려 하심이니라"(엡 2:10). 당신은 하나님이 만드신 바이며, 그분의 소유가 된 위대한 작품이다. 당신을 지으신 하나님은 당신에 관한 모든 것을 알고 계신다.

처음부터 끝까지, 하나님은 영원하고 지혜로우신 하나님, 이 땅의 모든 것을 창조하신 하나님으로 선포된다. 그분은 우주의 만물을 창조하실 뿐 아니라 "그의 능력의 말씀으로 만물을" 붙드신다(히 1:3). 바로 그 하나님이 자신의 영광을 위하여 그 백성을 창조하시고, 유지하시며, 보존하신다. 신자는 영원하고 창조되지 않으신 아들, 곧 예수 그리스도를 믿는 믿음으로 하나님의 새로운 피조물이 됨으로써 하나님께 영광을 돌린다!

생각해볼 질문

1. 이사야 40장 12절은 "누가 손바닥으로 바닷물을 헤아렸으며 뼘으로 하늘을 쟀으며 땅의 티끌을 되에 담아 보았으며 접시 저울로 산들을, 막대 저울로 언덕들을 달아 보았으랴"라는 수사적 질문을 던진다. 당신은 이사야 선지자가 이러한 질문을 통해 전하고자 했던 메시지가 무엇이라고 생각하는가?

2. 이사야 40장 22절에서 "그는 땅 위 궁창에 앉으시나니 땅에 사는 사람들은 메뚜기 같으니라 그가 하늘을 차일 같이 펴셨으며 거주할 천막 같이 치셨고"라는 말씀을 읽을 때 당신의 마음 속에 떠오르는 하나님의 속성으로는 어떤 것이 있는가?

3. 이사야 40장 26절은 하나님의 완전하신 창조 속에는 별 하나도 빠짐이 없다고 말한다. 이것은 하나님의 창조 사역의 본질과 어떤 관련이 있을 수 있는가?

4. 잠시 시간을 내어 이사야 40장 28절 말씀을 묵상해보라. "너는 알지 못하였느냐 듣지 못하였느냐 영원하신 하나님 여호와, 땅 끝까지 창조하신 이는 피곤하지 않으시며 곤비하지 않으시며 명철이 한이 없으시며." 어떤 생각들이 마음속에 떠오르는가?

더 깊은 탐구

- 창조주 하나님에 관한 또 다른 성경 본문으로는 창세기 1-2장; 시편 8편; 19:1-6; 139:13-16; 148:5; 전도서 12:1; 이사야 42:5; 사도행전 17:26; 로마서 8:19; 고린도후서 5:17; 에베소서 2:10, 15; 골로새서 1:15-16; 디모데전서 4:4; 히브리서 1:2; 베드로전서 4:19; 요한계시록 10:6 등이 있다.

- 하나님의 창조에는 직접적인 창조와 방편을 통한 2차적 창조가 있다. 구원은 직접적인 창조에 속하며, 식물이 자라는 것은 2차적 창조에 속한다. 예컨대 당신이 좋은 땅에 씨앗을 심고 물을 주면, 거기서 그 씨앗이 싹을 틔우고 자라나게 되는 것이다. 당신이 어떤 탁자를 만든다고 했을 때 그 탁자는 목재를 가지고 만드는 것이고, 그 목재는 나무에서 얻어지며, 그 나무는 씨앗에서 자라는 것인데, 바로 그 씨앗을 하나님이 창조하신 것이다. 따라서 하나님이 창조주이시라는 말은 그분이 만물의 근원이 되신다는 것을 의미한다.

- Mark D. Futato, *Creation: A Witness to the Won-der of God* (Phillipsburg, N.J.: P&R, 2000); William Van Doodewaard, *The Quest for the Historical Adam: Genesis, Hermeneutics, and Human Origins* (Grand Rapids: Refor-mation Heritage Books, 2015)도 보라.

11

하나님은 유지하신다

묵상 본문

네 짐을 여호와께 맡기라 그가 너를 붙드시고 의인의 요동함을 영원히 허락하지 아니하시리로다

—시편 55:22

기도

천지의 주 되신 하나님, 제가 주님께 기도 드리고 있는 지금 이 순간에도 제게 호흡과 멈추지 않는 심장박동을 주심으로써 제 목숨을 유지하고 계심을 믿사오며, 주님의 은혜로 제 믿음을 유지하여 주시고 제 생명을 보존하여 주심에 감사를 드립니다. 주님께서 저의 위대한 목자가 되시어 저를 눈동자 같이 돌보시기에 제가 안전히 거할 수 있습니다. 저를 유지하시는 하나님에 대해 묵상할 때 제가 그 은혜의 초장에 평안히 눕게 하여 주소서. 저를 구원하신 예수님의 복 되고 영광스러운 이름으로 기도합니다. 아멘.

성경적 관점

유지한다는 말은 '붙들다,' '지키다', 보존하다'라는 뜻을 갖는다. 즉 그것은 포기하지 않는다는 의미이다. 하나님은 만물을 창조하실 뿐 아니라, 지으신 모든 것을 유지하신다. 지금 이 순간 당신의 호흡부터 심장박동까지, 하나님은 자신의 영광을 위해 당신의 생명을 지켜주고 계신다.

하나님은 우리를 천국 본향으로 불러 자신과 함께 있게 하실 때까지 이 땅에서 우리의 육체를 유지하여 주신다. 마찬가지로 그 누구도 우리를 그리스도의 주권적인 손에서 빼앗아가지 못하도록 우리의 영혼도 유지하여 주신다(요 10:28). 그뿐 아니라 견딜 수 없을 정도로 큰 역경이 닥칠 때 하나님은 우리의 감정까지도 유지하여 주신다.

하나님은 능력의 말씀으로 온 우주를 붙드심으로써(히 1:3) 모든 피조세계를 유지하신다. 하나님은 섭리와 능력으로 당신을 붙드시고, 지키시며, 보존하신다. 그리하여 하나님은 당신에게 기쁨과 소망을 주시며, 당신의 마음에 감사가 흘러 넘치게 하신다.

사도 바울은 고린도전서 1장 4절 내지 9절에서 그리스도의 유지하시는 능력에 대해 다음과 같이 말한다.

"그리스도 예수 안에서 너희에게 주신 하나님의 은혜로 말미암아 내가 너희를 위하여 항상 하나님께 감사하노니 이는 너희가 그 안에서 모든 일 곧 모든 언변과 모든 지식에 풍족하므로 그리스도의 증거가 너희 중에 견고하게 되어 너희가 모든 은사에 부족함이 없이 우리 주 예수 그리스도의 나타나심을 기다림이라 주께서 너희를 우리 주 예수 그리스도의 날에 책망할 것이 없는 자로 끝까지 견고하게 하시리라 너희를 불러 그의 아들 예수 그리스도 우리 주와 더불어 교제하게 하시는 하나님은 미쁘시도다"

위의 말씀에서 바울은 하나님의 신실하심과 유지하시는 능력을 연결시키고 있다. 하나님의 유지하심은 그분의 신실하심의 표출이다. 우리가 믿음을 포기하고 싶은 마음이 들 때에도 하나님은 우리의 믿음을 유지하신다. 하나님은 우리를 끊임없이 예수님과의 교제 안으로 이끄심으로써 우리를 지탱하신다.

하나님이 그분의 백성을 유지하시는 방편 중의 하나는 그들이 그리스도와의 친교 안에서 기쁨을 누리게 하는 것이다. 우리가 그리스도와 누리는 친교의 근간은 그분이 이루신 구원의 역사를 믿음으로써 그리스도와 하나가 되는 그 연합에 있다. 그리고 우리는 하나님의 말씀의 적용을 통해, 기도를 통해, 성례를 통해, 공예배를 통해, 은혜 중심의 공동체를 통해 이러한 친교 안으로 들어간다.

성경에서 말씀하는 또 하나의 놀라운 진리는, 만약 당신이 그리스도의 참된 신자라면 결코 구원을 잃어버리지 않으리라는 사실이다. "너희 안에서 착한 일을 시작하신 이가 그리스도 예수의 날까지 이루실 줄을 우리는 확신하노라"(빌 1:6). 당신이 그리스도 안에서 누리고 있는 친교는 때에 따라 들쭉날쭉 기복이 심할 때도 있겠지만,

그렇다 할지라도 하나님이 주신 구원을 잃어버리는 일은 결코 일어나지 않는다. 다만 당신에게 참된 믿음이 있는지 여부를 항상 시험해보는 일을 잊어서는 안 된다. 겨자씨만한 크기의 믿음이라도 천국의 문을 활짝 열어 당신에게 영원한 상급을 가져다줄 것이다.

아래와 같은 약속의 말씀들을 묵상해보라.

"이는 나 여호와 너의 하나님이 네 오른손을 붙들고 네게 이르기를 두려워하지 말라 내가 너를 도우리라 할 것임이니라"(사 41:13).

"주 여호와는 나의 힘이시라 나의 발을 사슴과 같게 하사 나를 나의 높은 곳으로 다니게 하시리로다 이 노래는 지휘하는 사람을 위하여 내 수금에 맞춘 것이니라"(합 3:19).

"내 은혜가 네게 족하도다 이는 내 능력이 약한 데서 온전하여짐이라"(고후 12:9).

"피곤한 자에게는 능력을 주시며 무능한 자에게는 힘을 더하시나니"(사 40:29).

하나님이 유지하신다는 사실로부터 우리는 또한 두려움을 떨쳐버릴 수 있다. 위의 이사야 41장 본문의 몇 절 앞에서 하나님은 "두려워하지 말라 내가 너와 함께 함이라"(사 41:10)라고 말씀하신다. 생명을 유지해주시는 하나님의 능력 안에서 평안을 얻으면 얻을수록, 당신은 더욱 더 큰 힘을 얻어 사람에 대한 두려움, 사망에 대한 두려움, 죄악에 대한 두려움에 맞서 싸울 수 있게 된다.

앞서 하나님이 우리를 유지하시는 데 사용하시는 방법 중 하나로 그분의 말씀이 있음을 언급했다. 성경은 십자가에 달리신 그리스도께서 우리의 죄와 사망을 이기신 내용을 담고 있다. 하나님은 신자들에게 "그러므로 이제 그리스도 예수 안에 있는 자에게는 결코 정죄함이 없나니"(롬 8:1)라고 약속하신다. 다시 말해서 하나님은 말씀 안에서 그분의 약속을 주심으로써 우리를 유지하신다. 이에 대해 시편 기자는 기도하기를 "주의 말씀대로 나를 붙들어 살게 하시고 내 소망이 부끄럽지 않게 하소서"(시 119:116)라고 말했다. 당신의 믿음을 유지하고, 당신의 영혼을 소생케 하며, 당신의 마음에 즐거움을 가져다주는 하나님의 약속 안에서 참된 평안을 누릴 수 있어야 할 것이다.

생각해볼 질문

1. 만약 하나님이 당신을 유지하신다면 그로 인해 당신은 커다란 소망이 넘쳐야 할 것이다. 다른 것이 아닌 소망이 넘쳐야 하는 이유는 무엇인가?

2. 시편 55장 22절에서는 우리의 짐을 여호와께 맡기라고 말한다. 하나님께 맡겨야 할 짐들이 당신에게 있는가? 현재 당신이 어려움을 겪고 있는 일로는 어떤 것들이 있는지 생각해보고, 마태복음 11장 28절 내지 30절 말씀을 묵상해보라.

3. 하나님 앞에 당신의 짐을 내려 놓는 것이 어떻게 당신을 유지하는 것이 될 수 있는가?

4. 만약 당신이 예수님 안에서 온전한 안전과 안정을 누릴 수 있다는 사실, 곧 그분이 당신을 완전히 받아주고 사랑하신다는 사실을 알게 된다면, 이는 당신 주변 사람들과의 관계에 어떤 영향을 미치겠는가?

5. 지금 이 순간 육체적으로, 영적으로, 정서적으로 하나님이 당신을 유지하고 계신 일로는 어떤 것들이 있는가?

더 깊은 탐구

- 하나님의 유지하심에 관한 또 다른 성경 본문으로는 신명기 7:9; 이사야 40:29-31; 요한복음 10:28; 고린도전서 1:4-9; 에베소서 1:14; 빌립보서 1:6; 디모데후서 1:8-12; 히브리서

1:1-3 등이 있다.

• 하나님이 유지하신다는 말에는 그분이 우리를 그 어떤 것으로부터 유지하셔야 할 필요가 있다는 뜻을 담고 있다. 우리를 유지하셔야만 할 어떤 필요가 없다면 우리를 유지하시는 것이 그다지 특별한 일은 되지 못할 것이다. 다른 말로 표현해보자면, 하나님은 무엇으로부터 우리를 유지하고 계시는가? 하나님의 유지하시는 능력이 필요한 이유가 있을 것이다. 우리에게는 죄악이 가득하고, 우리 스스로 죄의 공격, 이생의 고통, 사망으로부터 우리 자신을 유지할 수가 없다. 우리를 유지해 주셔야 할 필요에 대해 그밖의 다른 이유들을 떠올려볼 수 있는가?

• Burk Parsons, ed., *Assured by God: Living in the Fullness of God's Grace* (Phillipsburg, N.J.: P&R, 2006)을 보라.

12

하나님은 무한하시다

묵상 본문

우리 주는 위대하시며 능력이 많으시며 그의 지혜가 무한하시도다

—시편 147:5

기도

영광이 넘치시는 여호와 하나님, 하나님이 무한하시니 하나님의 모든 영광스러운 속성도 다 무한합니다. 하나님의 위대하심과 무한하심 앞에 저는 한 없이 낮아지오나 또한 그로 인해 격려를 받습니다. 하나님의 무한하심을 드러내는 속성들을 생각해볼 때 저의 마음과 지각을 거룩하게 하여 주소서. 저의 생각, 애정, 말, 행동으로 하나님을 제한하려는 경건하지 못한 성향들을 제하여 주소서. 저의 주인 되시는 그리스도의 이름으로 기도합니다. 아멘.

성경적 관점

우리는 무언가 크고 장엄한 것을 맞닥뜨리면 그 앞에서 스스로

낮아지고 황홀경에 빠지게 된다. 밤 하늘을 올려다보며 하나님이 창조하신 달과 별들을 바라보던 다윗은 "사람이 무엇이기에 주께서 그를 생각하시며 인자가 무엇이기에 주께서 그를 돌보시나이까"(시 8:4)라고 외쳤다. 하나님의 영광이 "하늘을 덮었나이다"(1절)라는 고백은 곧 그분은 우리가 알고 있는 우주 안의 그 무엇보다도 크신 분이라는 뜻을 담고 있다.

사람들은 하나님의 위대하심을 극대화하여 묘사하기 위해 '무한'이라는 단어를 사용한다. 하나님은 우리가 적어도 반대의 진술을 통하여 그분의 무한함을 인지할 수 있게 하셨는데, 즉 우리는 유한하지만 그분은 그렇지 않으시다는 것이다! 그렇기에 솔로몬 역시 다음과 같이 고백할 수 있었다. "하나님이 참으로 사람과 함께 땅에 계시리이까 보소서 하늘과 하늘들의 하늘이라도 주를 용납하지 못하겠거든 하물며 내가 건축한 이 성전이오리이까"(대하 6:18).

하나님의 무한하심이란 세상에서 인지할 수 있는 모든 것을 그분이 질적으로 초월해 계신다는 의미이다.[1] 하지만 무한하다는 말이 전혀 묘사가 불가능하거나 자의적이라는 뜻은 아니다. 왜냐하면 하나님은 자신을 계시하셨으며, 언제나 그분의 본성에 어긋남이 없도록 일관된 행동을 하시기 때문이다.[2] 따라서 프란시스 튜레틴이 말

1 John S. Feinberg, *No One Like Him: The Doctrine of God*, Founda-tions of Evangelical Theology (Wheaton, Ill.: Crossway, 2001), 245-47.

2 John M. Frame, *The Doctrine of God, A Theology of Lordship* (Phil-lipsburg, N.J.: P&R, 2002), 544.

한 것처럼 하나님이 무한하시다는 말의 의미는 "그분 안에는 어떠한 한계도 없이 온갖 종류의 완전함이 가득하다"[3]는 것이다. 또한 존 하우는 하나님의 무한하심이란 "헤아릴 수 없는 본질의 심오함, 모든 종류와 모든 정도의 완전함의 합일, 경계나 한계의 없음"[4]이라고 말했다.

죄인들은 하나님의 무한하심을 사랑하지 않는다. 그 이유는 아주 간단하다. 사람은 그 앞에서 낮아질 수밖에 없기 때문이다. 이에 대해 토마스 왓슨은 "해가 떠오를 때 별들이 자취를 감추듯 그분의 무한하신 위엄이 밝게 비칠 때 사람은 얼마나 보잘것없어지는가!"라고 말했다.[5] 인간의 타락 이후 사람들은 무한하신 하나님의 영광을 썩어질 것들의 모양으로 바꾸어 하나님 대신 그것들을 경배하고 있다. 그러한 거짓 "신들"은 인격을 가진 것처럼 보이게 할 수는 있으나 결코 경배의 대상이 될 수는 없는 일이다. 오직 그 존재와 사역이 무한하시며 죄인인 사람이 결코 길들일 수 없는 하나님만이 우리의 예배를 받으시기에 합당하신 분이다.

"너희가 하나님을 누구와 같다 하겠으며 무슨 형상을 그에게 비기겠느냐"(사 40:18)는 말씀과 같이 하나님의 위대하심은 그 어떤 비

---

3 Francis Turretin, *Institutes of Elenctic Theology*, trans. George Musgrave Giger, ed. James T. Dennison Jr. (Phillipsburg, N.J.: P&R, 1992-1997), 3.8.1, 6 (1:194-95).

4 John Howe, *The Living Temple, in The Works of the Rev. John Howe* (London: William Tegg and Co., 1848), 1:98.

5 Thomas Watson, *A Body of Divinity* (Edinburgh: Banner of Truth, 1965), 52.

교도 용납하지 않는다. 모든 열방이 그분 앞에는 통의 한 방울 물과 같고, 저울의 작은 티끌 같으며, "아무 것도 아니다"(15-17절). 하나님은 하늘에 수백만 개의 별들을 지으셨을 뿐만 아니라, 그 각각의 천체들을 하나하나 친밀히 살피신다(26절). 하나님은 피곤치 않으시며 그분의 명철은 한이 없으시다. 또한 그분은 결코 자기 백성의 송사를 저버리지 않으신다(27-28절). 이 얼마나 위대하신 하나님인가! 그분 안에 소망을 두는 사람들은 위로를 얻을 것이다. 하나님은 연약한 이들에게 힘을 주신다(29-31절).

우리는 삼위일체 하나님의 무한하심이 복음에 핵심적인 역할을 한다는 사실을 두려운 마음으로 주목해야 한다. 하나님의 아들께서 "우리를 대신하여 자신을 주심은 모든 불법에서 우리를 속량하시기"(딛 2:14) 위함이라는 선언은 구원의 기쁜 소식이다. 측량할 수 없이 거룩하신 하나님께 우리가 갚아야 할 죗값은 너무도 크다(마 18:24). 누가 우리를 대신하여 그 빚을 해결해주거나 갚아줄 수 있겠는가? "모든 불법에서 우리를 속량하시기" 위해 자신의 목숨을 버리신 이분은 누구신가? 그분은 영광스러운 우리의 "크신 하나님 구주 예수 그리스도"(딛 2:13)이시다. 십자가에 달려 돌아가신 그분은 바로 무한하신 하나님이시다. 그분의 인성은 사망의 권세 아래 놓이셨지만, 성육하신 주님 안에는 무한한 가치가 있었기에 그분의 속죄 사역에도 무한한 가치가 담겨 있었다. 그러므로 우리는 그분의 피가 열방 가운데서 아무도 능히 셀 수 없는 큰 무리를 속죄하였고(계 7:9, 14), 이는 심지어 죄인 중에 괴수(딤전 1:15)인 자에게도 예외가 아니라는 사실을 확신할 수 있게 된다. 무한하신 구원자 하나님을 찬양하라!

앞으로 계속되는 네 개의 장에서 우리는 하나님의 무한하심과 관련된 몇몇 측면들을 묵상하고자 한다. 먼저 우리의 이해력과 관련된 하나님의 무한하심(하나님은 불가해하시다)을 살펴볼 것이고, 다음으로는 그분의 존재(being)와 안녕(well-being)에 관련된 그분의 무한하심(하나님은 자충족하시다)을 살펴볼 것이고, 마지막으로는 공간과 관련된 그분의 무한하심(하나님은 광대하시다; 하나님은 어디에나 계신다)을 묵상할 것이다.

생각해볼 질문

1. 시간, 공간, 인간의 이해력, 하나님의 안녕 등 여러 가지 다양한 측면과 관련하여 하나님의 무한하심을 생각해보라. 이러한 진리를 통하여 어떻게 연약한 성도들이 용기를 얻을 수 있겠는가?

2. 하나님의 무한하심이라는 속성 앞에 어떻게 우상숭배나 피조물을 경배하는 일이 발 붙일 곳이 없게 되는가?

3. 우리에게 무한하신 하나님과 구원자가 계신다는 사실이 그토

록 중요한 이유는 무엇인가?

4. 죄악된 인간이 하나님의 무한하심이라는 진리를 싫어하거나 불편해하는 이유는 무엇인가?

5. 당신이 혹 하나님의 무한하심과 관련된 어떤 측면을 부인하며 살았다면, 그에 대해 말해보라.

더 깊은 탐구

- 하나님의 무한하심에 관한 또 다른 성경 본문으로는 출애굽기 18:11; 욥기 11:7-10; 시편 95:3-5; 113:4-6; 요한복음 10:29, 히브리서 6:13 등이 있다.

- 영어 성경에서 하나님에 대해 무한하심이란 단어를 쓴 것은 시편 147장 5절에서 "그의 지혜가 무한하시도다"라고 말한 곳이 유일하다(infinity라는 단어를 지칭하고 있음—번역주). 이 말은 문자적으로는 "수효가 없다"(히브리어 에인 미스파르(אֵין מִסְפָּר))는 뜻으로 "별들의 수효[미스파르]"(4절)라는 말과 대조되는 표현이다. "수효가 없는" 혹은 "수효 없이"라는 구절은 사람이나 이 땅의 어떤 것이 엄청나게 많다는 의미를 과장되게 표현할 때 쓸 수 있는 말

인데, 그렇다 하더라도 이 말은 사람이 일반적으로 셀 수 있는 능력 밖에 있는 어떤 것이라는 의미를 전해준다.

• 힌두교와 같은 범신론이나 만유내재신론 등에서는 오직 유한한 존재의 화신을 통해서만 비인격적 신의 신성이 드러난다. 열린 유신론을 주장하는 사람들 중에는 성경의 신앙을 유한한 하나님이라는 관점에서 새롭게 형성해 가려는 시도를 하는 이들이 있다. 그러나 성경에 계시된 참 하나님은 무한한 동시에 인격적이시고, 인간과 사랑의 교제를 나누실 수 있으면서 동시에 찰스 핫지의 표현처럼 "우리의 이성과 지각의 한계 위에"[6] 계시는 분이다.

• Jen Wilkin, *None Like Him: 10 Ways God is Dif-ferent from Us (and Why That's a Good Thing)* (Wheaton, Ill.: Crossway, 2016); Craig Biehl, *God the Reason: How Infinite Excellence Gives Unbreakable Faith* (Franklin, Tenn.: Carpenter's Son Publishing, 2015)도 보라.

---

6 Charles Hodge, *Systematic Theology* (1871-1873; repr., Peabody, Mass.: Hendrickson, 1999), 1:380.

13

하나님은 불가해하시다

묵상 본문

네가 하나님의 오묘함을 어찌 능히 측량하며 전능자를 어찌 능히 완전히 알겠느냐 하늘보다 높으시니 네가 무엇을 하겠으며 스올보다 깊으시니 네가 어찌 알겠느냐 그의 크심은 땅보다 길고 바다보다 넓으니라

—욥기 11:7-9

기도

이해가능하나 불가해하신 주 하나님, 하나님의 무한하심과 불가해하심을 인해 하나님을 찬양합니다. 만약 사람이 하나님을 온전히 알 수 있다면 그런 하나님은 더 이상 하나님이 아닐 것입니다. 하나님의 일은 측량할 수 없사오나, 하나님은 독생자를 보내어 그분을 통해 당신을 알게 하여 주셨습니다(요 1:18). 우리가 누구이기에 주께서 우리를 생각하십니까? 그러므로 주의 자비가 큽니다. 저의 지각과 마음을 이끄시어 측량할 수 없는 하나님의 길의 영광에 복종케 하여 주소서.

예수님의 이름으로 기도합니다. 아멘.

성경적 관점

우리의 이해력과 관련된 하나님의 무한하심을 일컬어 하나님의 불가해성이라고 한다. 우리는 하나님이 자신을 이해하시는 것처럼 하나님을 이해할 수 없다. 하나님의 크심은 측량할 수 없기 때문이다(시 145:3). 하나님은 우리의 생각이나 상상을 뛰어넘는 분이시다(엡 3:20-21). 그분의 "영화로운 이름"은 "모든 송축이나 찬양에서 뛰어"나다(느 9:5). 그래서 칼빈은 "어찌 사람이 그 작은 이해력으로 하나님의 측량할 수 없는 본질을 측량할 수 있겠는가?"[1]라고 말했다.

그러므로 우리가 하나님을 찬양할 때는 인간 언어의 의미의 한계를 넘어 하나님의 충만하심을 향해 나아가야만 한다(물론 아무리 해도 결코 거기에 도달할 수는 없겠지만).[2] 마치 하늘을 만져보고 싶어하는 어린아이처럼, 불가능한 일을 추구하는 것이지만 그래도 계속해서 그 방향을 향해 나아가야만 하는 것이다. 다만 그분을 찾으려 하되 그분의 깊이를 측량하려고 해서는 안 된다. 어찌하여 우리 같은 인간이 그분을 완전히 파악할 수 있으리라고 생각하는가? 만약 우리가 그분을 다 파악한다면 그분은 더 이상 하나님이실 수 없을 것이다.[3]

---

1 Calvin, *Institutes*, 1.13.21.

2 Kelly, *Systematic Theology*, 219.

3 Bavinck, *Reformed Dogmatics*, 2:48.

하나님의 불가해성을 통해 우리가 배울 수 있는 것은 하나님에 관한 진리를 알고자 한다면 우리의 지각을 온전히 그분의 말씀에 복종시켜야 한다는 점이다. 오직 하나님의 성령께서만 하나님의 깊은 것까지 통달하시며, 하나님은 성령의 영감으로 쓰여진 말씀 안에서 그 모든 것을 우리에게 드러내 보이신다(고전 2:9-10).

하나님은 그분의 존재(being)의 깊이뿐만 아니라, 그분의 사역의 영광에 있어서도 불가해하시다. 엘리바스는, 하나님은 "헤아릴 수 없이 큰 일을 행하시며 기이한 일을 셀 수 없이 행하시나니"(욥 5:9)라고 말했다. 욥 또한 하나님이 "측량할 수 없는 큰 일을, 셀 수 없는 기이한 일을 행하시느니라"(9:10)라고 말했다. 하나님의 사역은 놀라움, 경이로움, 경외심을 불러일으킨다.

경건한 자들이 헤아릴 수 없는 하나님의 영광을 볼 때(욥 38:1-4), 그들은 하나님의 길이 어렵다고 불평했던 자신의 어리석음을 회개하게 된다(42:1-6). 그분의 영광을 봄으로써 우리는 손으로 입을 가리고 온유한 마음으로 그분의 징계를 감내해야 함을 배우게 된다(40:1-5). 하나님을 판단하는 자리에 앉기보다는, 하나님의 발 앞에 앉는 법을 배운다. 이는 오직 하나님만이 참된 지혜의 길을 아시고, 지혜는 하나님을 경외하는 데서부터 시작되기 때문이다(28:20-28). 심지어 하나님이 우리를 멀리하시는 것처럼 보이고 원수들이 우리의 멸망을 바랄 때조차도 우리는 우리가 다 이해할 수 없는 그분의 의로우심과 구원을 믿으면서 하나님을 찬양할 수 있다(시 71:9-15).

그러니 이제 우리는 불가해하신 하나님께 영광을 돌리는 법을 배워야 할 것이다. 우리는 그분이 지으신 별들을 보고 놀라며 그분이 보내신 거대한 폭풍 앞에 떨게 된다. "보라 이런 것들은 [그저] 그의 행사의 단편일 뿐이요 우리가 그에게서 들은 것도 속삭이는 소리일 뿐이니 그의 큰 능력의 우렛소리를 누가 능히 헤아리랴"(욥 26:14). 우리의 이해력이 미치지 못하는 곳에 이르게 되면 거기서 우리는 탄복하며 공경하는 법을 배워야만 한다. 왜냐하면 "가장 높은 산 위에 올라…하늘의 별을 손으로 움켜쥐어 보는 것 말고는 우리가 달리 그분의 무한하심과 완전하심을 측량할 수 있는 길은 없기" 때문이다.[4] 하지만 성경의 진리라는 산 꼭대기에서 우리는 하나님의 영광을 보고 또 사모할 수 있다. 부디 하나님이 우리를 가르치시어 다음과 같은 바울의 고백이 바로 우리의 고백이 되게 하시길 기원한다. "깊도다 하나님의 지혜와 지식의 풍성함이여 그의 판단은 헤아리지 못할 것이며 그의 길은 찾지 못할 것이로다"(롬 11:33).

생각해볼 질문

1. 어떤 측면에서 우리는 하나님을 이해할 수 있으며, 또한 어떤 측면에서 우리는 그분을 이해할 수 없는가?

4 Watson, *A Body of Divinity*, 54.

2. 하나님의 불가해성 때문에 그분을 찾지 말아야 하는가? 그렇다면 왜 그런지, 그렇지 않다면 왜 그렇지 않은지에 대해 설명해보라.

3. 하나님의 불가해성에 대해 욥(욥 42:1-6)이나 바울(롬 11:33-36)은 어떤 반응을 보였는가? 그에 따라 우리는 하나님의 불가해성에 대해 어떠한 반응을 보여야 하겠는가?

4. 하나님의 속성들의 온전한 드러남이라는 견지에서 하나님의 사역 가운데 나타나는 불가해성은 고난 중의 신자에게 어떻게 큰 위로가 되는가?

5. 다음과 같은 적용점에 대해 생각해보라. "우리의 이해력이 미치지 못하는 곳에 이르게 되면 거기서 우리는 탄복하며 공경하는 법을 배워야만 한다." 당신이 현재 처해 있는 상황 속에서 이것을 어떻게 적용할 수 있는가?

더 깊은 탐구

- 하나님의 불가해성에 관한 또 다른 성경 본문으로는 신명기 29:29; 느헤미야 9:5; 시편 72:18; 92:5; 139:6, 17-18; 145:3;

147:5; 이사야 55:8-9; 57:15; 로마서 11:33-34; 고린도전서 2:10-11; 디모데전서 6:13-16 등이 있다.

- 중세 시대의 한 전설에 따르면, 하루는 아우구스티누스가 해변을 걸으며 삼위일체에 대해 곰곰이 생각하다가, 마침 어떤 소년이 조그마한 조개 껍질 하나로 바닷물을 퍼내고 있는 모습을 보게 되었다. 그 소년은 자기가 바다를 비우고 있다고 큰소리 쳤지만, 그 모습이 재미있었던 그 신학자는 조개 껍질로 그런 일을 하는 것은 불가능한 일이라고 말해주었다. 바로 그 순간 그는 자신의 유한한 지각 안에 하나님의 무한하심을 담는 일이 얼마나 가당치 않은 일인지를 깨닫게 되었다.[5)]

- 크로포드(1812-1875)는 다음과 같이 말했다. "어떤 교리가 너무도 신비하여 이해할 수 없다는 사실 자체만으로는 기독교 신앙의 항목에서 그것을 제하여 버리거나, 혹은 기독교 체계에 신적 기원이나 권위가 없는 것처럼 비하할 만한 충분한 근거가 되지는 않는다."[6)] 계속해서 그는 다음과 같이 말했다. "왜냐하

5 Joseph Caryl, *An Exposition with Practical Observations upon...the Book of Job* (Berkeley, Mich.: Dust and Ashes; Grand Rapids: Reforma-tion Heritage Books, 2001), 2:249. 이 이야기는 성도들의 일화를 담은 유명한 모음집에서 가져온 것이다. Jacobus da Varagine, *Legenda Aurea*, The Golden Legend, written in the thirteenth century.

면 우리가 하나님을 다 이해할 수 없다는 것을 알게 되면 그분의 영감을 통해 기록된 말씀에 때로는 우리가 헤아릴 수 없는 심오한 것들이나 우리가 탐구할 수 없는 가려진 것들과 관련된 교리가 담겨 있다는 사실을 의심할 수 없기 때문이다."[7]

- Derek Thomas, *Calvin's Teaching on Job: Proclaim-ing the Incomprehensible God* (Fearn, Ross-shire, Scotland: Christian Focus, 2004); Vern S. Poythress, *Theophany: A Biblical Theology of God's Appearing* (Wheaton, Ill.: Crossway, 2018); K. S. Oliphint, *The Majesty of Mystery: Celebrating the Glory of an Incomprehensible God* (Belling-ham, Wash.: Lexham Press, 2016)도 보라.

---

6 T. J. Crawford, *The Mysteries of Christianity: Revealed Truths Expounded and Defended* (repr., Edinburgh: Banner of Truth, 2016), 8.

7 Crawford, *The Mysteries of Christianity*, 9.

14

하나님은 자충족하시다

묵상 본문

우주와 그 가운데 있는 만물을 지으신 하나님은 천지의 주재시니 손으로 지은 전에 계시지 아니하시고 또 무엇이 부족한 것처럼 사람의 손으로 섬김을 받으시는 것이 아니니 이는 만민에게 생명과 호흡과 만물을 친히 주시는 이심이라

—사도행전 17:24-25

기도

하늘에 계신 아버지여, 아버지께서는 그 누구에게도 의지하지 않으시는 분인 줄 압니다. 만물이 아버지에게서 나오고 아버지로 말미암고 아버지에게로 돌아가며, 아버지는 온전하시며 부족한 것이 조금도 없으십니다. 아버지의 성령을 통하여 제게 더 큰 명철을 베푸사 아버지는 그 어떤 결핍도 없고 제 자신도 필요로 하지 않으시는 분임을 깨닫게 하여 주소서. 아버지께서 이 땅에서 이루어가시는 사명 가운데 저를 한 부분으로 사용하여주시니 감사합니다. 제가 복음을

심고 거기에 물 주는 일을 신실하게 감당할 때 아버지께서 그것을 자라게 하시니 이 또한 감사를 드립니다. 아버지는 자충족하신 분임을 생각할 때 제 마음 가운데 찬양이 넘쳐나게 하소서. 능력의 주 예수님의 이름으로 기도합니다. 아멘.

성경적 관점

하나님은 존재(being) 및 안녕(well-being)에 있어서도 무한하시다. 이를 묵상해보면 하나님은 우리를 필요로 하지 않는 분임을 깨닫게 된다. 그분이 세상과, 바다와, 호랑이와, 당신의 반려견과, 사람을 창조하신 이유는 너무도 외로워서도 아니고 무언가 허전해서도 아니다. 하나님은 자신의 성품이나 속성 중의 어떤 결핍을 보충하기 위해 우리를 창조하신 것이 아니다. 그와는 반대로 하나님은 스스로 존재하시며, 스스로 충족적인 분이시다. 신학자들은 이것을 하나님의 자존성(自存性, aseity)이라고 부른다.

살아 계신 참 하나님에게는 좋은 것이 조금도 부족하지 않다. 우리가 존재한다고 해서 그분이 더 나아지는 것이 아니다. 하나님은 피조물에게 의존하지 않으시며, 피조물로부터 독립해 계신다. 이에 대해 마이클 호튼은 "하나님은 자신의 존재나 행복을 위해 세상을 필요로 하지 않으신다."[1]고 말한다.

---

1 Michael Horton, *Pilgrim Theology: Core Doctrines for Christian Dis-ciples* (Grand Rapids: Zondervan, 2011), 76.

만물은 하나님의 영광을 위해 존재한다. 하나님은 만물의 창조자요 유지자이시다. "우리가 그를 힘입어 살며 기동하며 존재하느니라"(행 17:28). 바울은 이와 관련하여 "이는 만물이 주에게서 나오고 주로 말미암고 주에게로 돌아감이라 그에게 영광이 세세에 있을지어다"(롬 11:36)라고 말한다. 베드로 역시 "이는 범사에 예수 그리스도로 말미암아 하나님이 영광을 받으시게 하려 함이니"(벧전 4:11)라고 말한다.

그러나 애석하게도 미국 기독교의 현실을 조금만 들여다보아도 이와는 사뭇 거리가 있는 모습을 발견하게 된다. 예를 들어 상당히 많은 경우 예배는 진리보다는 엔터테인먼트적인 요소에 더 많은 관심을 기울이는 듯하고, 하나님보다는 사람들의 이목을 끌기 위한 장치들에 경도되어 있는 것처럼 보인다. 하지만 예배의 주인공은 우리가 아니다. 우리의 구원은 "나는 할 수 있어. 하나님이 도우실 수 있어."라는 문구에서 말하는 것과 같은 인간중심적 방식으로 일어나지 않는다. 예수님이 당신을 구원하신 이유는 당신이 적합해서가 아니다. 예수님은 자신의 영광을 위하여 당신을 구원하셨다.

우리는 또한 하나님의 이러한 자충족성이 예배에 어떤 영향을 미치는지도 볼 수 있다. 우리가 매주일 예배 드리기 위해 모이는 것은 하나님께 아직 없는 무언가를 가져다 드리고자 함이 아니다. 즉, 그분의 어떤 결핍을 채워 드리려는 것이 아니다. 오히려 예배로 나아가는 우리는 양과 같은 존재다. 우리는 부족하고, 굶주렸으며, 기댈 곳이 필요하며, 많은 경우 탕자처럼 제멋대로 엇나갔다.

예배를 통하여 우리는 목자의 부족함이 아닌 우리 자신의 부족함을 보게 된다. 예배는 진리 안에서 하나님의 위대하심이 빛을 발하는 순간이며, 우리는 믿음 충만한 경외심과 기쁨으로 반응한다. 하나님은 스스로 완전하시므로 우리의 예배는 그분의 위대하심에 무언가를 더하는 것이 아니며, 오히려 그분 안에 우리의 만족이 있음을 표현하는 것이다.

우리가 하나님의 창조 세계 안으로 들어온 것은 그분의 속성에 무언가를 더하지 않았으며, 그보다는 오히려 그분의 속성을 전시하고 표현하는 플랫폼이 되었다. 이에 대해 존 파이퍼는 "하나님이 죄인을 사랑하시는 것은 죄인들의 가치를 강조하지 않는다. 그것은 그들이 하나님을 찬양하며 기뻐할 수 있도록 죄인들을 속박에서 풀어 자유하게 하기 위함이다."라고 말한다.[2)]

데이비드 플랫은 만약 모든 지역 교회와 사역 단체와 교단이 전부 다 무너져 내리고 사라져 버린다 해도 하나님은 여전히 그분의 위대하신 이름을 떨치실 것이라고 말했다. 하나님이 이 땅 위에서 사명을 행하도록 우리를 부르신 것은 우리가 필요해서가 아니라 우리를 사랑하시기 때문이다. 하나님을 스스로 완전하시고 자충족하신 분으로 이해하고 예배하는 하나님 중심적인 신학을 회복하라.

---

2 John Piper, *God's Passion for His Glory* (Wheaton, Ill.: Crossway, 1998), 34–35.

생각해볼 질문

1. 본 장의 주제 구절(행 17:24-25)에서 우리는 하나님이 어떠한 결핍도 없는 분이라는 것을 배운다. 이에 대해 당신은 어떤 느낌을 받는가?

2. "너는 할 수 있어. 하나님이 도우실 수 있어."와 같은 말을 하는 인간중심적인 신학을 갖고 살아가는 이들이 많다. 인간의 능력을 찬양하는 이러한 사고방식이 하나님의 자충족성과 배치되는 이유는 무엇인가?

3. 하나님의 자충족성에 관한 진리는 우리의 주일 예배에 어떻게 영향을 미쳐야 하는가?

4. 교만의 죄는 당신이 하나님의 자충족성을 인식하는 데 어떠한 방해요소가 될 수 있는가?

5. 하나님의 자충족성과 창조주로서의 하나님 사이에는 어떤 연관성이 있는가?

더 깊은 탐구

- 하나님의 자충족성에 관한 또 다른 성경 본문으로는 시편 33:4-12; 이사야 46:5-11; 에베소서 1:3-11; 히브리서 1:1-3; 베드로전서 1:24-25; 요한계시록 22:13 등이 있다.

- 하나님의 자충족성(aseity: 라틴어에서 a는 "~로 부터", 그리고 se는 "자신"이라는 뜻임)은 특별히 하나님이 스스로 존재하신다는 사실과, 그렇기 때문에 피조물에게 의존하지 않으신다는 사실을 가리키는 말이다. 우리가 앞서 하나님의 거룩하심에 관해 묵상했던 것을 되짚어 보면 하나님의 자충족성은 그분이 자신의 피조물과 구별되어 따로 떨어져 계시는 분이라는 사실과 정확히 들어맞는다. 하나님의 자충족성과 긴밀히 맞닿아 있는 하나님의 속성들로는 어떤 것들이 있는가?

- R. C. Sproul, *The Character of God: Discovering the God Who Is* (Ventura, Calif.: Regal, 1995); A. W. Tozer, *The Knowledge of the Holy* (New York: HarperOne, 2009); Joe Thorn, *Experiencing the Trinity: The Grace of God for the People of God* (Wheaton, Ill.: Crossway, 2015)도 보라.

15

하나님은 광대하시다

묵상 본문

서로 불러 이르되 거룩하다 거룩하다 거룩하다 만군의 여호와여 그의 영광이 온 땅에 충만하도다 하더라

—이사야 6:3

기도

주님, 주님은 광대하시고, 무한하시며, 주님의 영광은 측량할 수 없습니다. 그러나 저는 상황과 형편에 대한 지나친 두려움 때문에 제 마음속에서 주님을 제한할 때가 너무도 잦음을 고백합니다. 주께서는 모든 상황을 온전히 다스리시며 공간의 제약을 받지 않는 분이시니, 이제 주님의 광대하심을 묵상하고자 하는 제게 주님의 언약적 임재를 확신하는 겸손한 마음과 견고한 손과 담대함을 허락하여 주소서. 임마누엘이신 예수님의 아름다운 이름으로 기도합니다. 아멘.

성경적 관점

하나님의 특별한 임재란 하나님이 그분의 언약을 이루기 위해 행하시는 심판이나 구원의 일 안에서 그분의 영광이 특별히 나타나는 경우를 가리키는 말이다. 성경에서는 이러한 하나님의 특별한 임재를 그분의 얼굴로 표현하기도 하고, 그분이 우리와 함께 거하시는 것으로 표현하기도 한다.[1] 하늘(Heaven)은 눈에 보이는 대기권의 공간(sky)이 아니라 천사들과 세상을 떠난 성도들의 영이 거하는 처소이다(히 12:22-23). 이곳은 하나님이 그분의 거룩함과 아름다움을 나타내기 위해 특별히 거하시는(사 63:15) 피조 세계 안의 공간을 말한다.[2] 그러한 하늘에 상응하는 이 땅의 장소는 성전이다(욘 2:7). 복음 시대에는 더 이상 물리적인 건축물이 아니라 교회가 곧 하나님이 거하시는 성전이다(엡 2:20-22). 하나님은 그리스도 안에서 성령님의 은혜로운 내주와 사역을 통하여 우리 안에 거하신다(롬 8:9; 고전 6:19-20). 그리스도께서 다시 오실 때에는 죽임 당하신 어린 양께서 우리의 성전이 되실 것인데, 이는 하나님의 영광의 빛이 그리스도에게서 발산되어 새 창조의 세상을 가득 채울 것이기 때문이다(계 21:22-23). 그때 우리는 "여호와 삼마"(겔 48:35)("여호와께서 거기 계신다"는 뜻임—번역주)라고 말할 것이다. 하나님은 새 하늘과 새 땅에서 다른 어떤 성전도 필요로 하지 않고 그분의 백성과 함께 거하실 것이다. 그때

---

1 예를 들어, 창 32:30; 출 25:8; 29:45; 33:11; 신 12:11을 보라.

2 신 26:15; 대하 30:27; 시 11:4; 33:13-14; 115:3; 겔 5:2; 마 6:9; 계 4:1-11을 보라.

만물을 채우는 그분의 영광으로 말미암아 하나님의 임재가 명백히 나타날 것이다(계 21:1-3, 22-23).

솔로몬은 자신이 지은 성전을 봉헌할 때 하나님이 특별히 하늘에 거하신다고 인정하였다. "하나님이 참으로 땅에 거하시리이까 하늘과 하늘들의 하늘이라도 주를 용납하지 못하겠거든 하물며 내가 건축한 이 성전이오리이까"(왕상 8:27; 대하 2:6 참조). 하나님의 특별한 임재는 그분이 실제로 어디에나 계신다는 사실에 기초하고 있다. 하나님의 광대하심(immensity, 문자 그대로는 "측량할 수 없음"이라는 뜻을 가짐)이란 하나님이 어느 한 장소에 국한되시거나 어떤 경계 안에 제한되실 수 없다는 것을 의미한다.[3] "그의 영광이 온 땅에 충만하도다"(사 6:3)라는 시편 기자의 진술은 참으로 사실이다. 이와 관련하여 스티븐 차녹은 "무수히 많은 세상도 하나님을 담기에는 충분하지 않으니, 그분이 거하시기에 충분한 장소는 오직 그분 자신뿐이다."라고 말했다.[4]

하나님의 광대하심은 그분이 공간의 주(主)가 되심을 뜻한다. 이에 대해 게할더스 보스는 이렇게 말했다. "그분은 일체의 공간 위에 높이 올리어 계시는 분이다. 그러나 그분의 존재는 모든 공간 안에 빠짐 없이 임재해 계시니, 그분은 곧 공간의 원인이시다."[5] 또한 아

---

3 Edward Leigh, *A Treatise of Divinity* (London: by E. Griffin for Wil-liam Lee, 1646), 2:36.

4 Charnock, *The Existence and Attributes of God*, 1:376.

타나시우스는 “하나님은 스스로 존재하시며 만물을 아우르시나 그 어떤 것에도 담기지 않으신다.”고 말했다.[6] 스스로 존재하시는 분이 거처로 삼으실 수 있는 것은 오직 하나님 자신뿐이다. 아우구스티누스는 이와 대하여 “하나님이 하늘과 땅과 성도들을 만드시기 전에 어디에 거하셨는가? 그분은 자신 안에 거하셨다.”라고 말했다.[7]

하나님의 광대하심을 힘써 알아감으로써 우리는 삶의 경건을 더욱 증진시켜 나갈 수 있다. 첫째, **하나님의 광대하심은 우리가 죄의 길로 행할 수 있는 상황에서 커다란 경고의 메시지가 된다.** 잠언 15장 3절은 “여호와의 눈은 어디서든지 악인과 선인을 감찰하시느니라”라고 말한다.

둘째, **하나님의 광대하심으로 말미암아 우리 안에 하나님을 경외하는 마음이 가득 차게 된다.** 에제키엘 홉킨스(1634-1690)는 이렇게 말했다. 우리의 행실은 “마치 그분이 지켜보시는 것처럼 그분의 눈 앞에서 진중하고 진지하게, 모든 경외와 복종으로, 순결함과 거룩함 가운데

---

5 Geerhardus Vos, *Reformed Dogmatics*, trans. and ed. Richard B. Gaf-fin et al. (Bellingham, Wash.: Lexham Press, 2012-2016), 1:12.

6 Athanasius, *Defence of the Nicene Definition*, 3.11, in *A Select Library of Nicene and Post-Nicene Fathers of the Christian Church, Second Series*, Ed. Philip Schaff and Henry Wace (New York: Christian Literature Co., 1894), 4:157.

7 Augustine, *Enarrationes in Psalmos*, on Ps. 122 [123 ET], 1.4, cited in Peter Lombard, *Sentences*, trans. Giulio Silano (Toronto: Pontifical Institutes of Mediaeval Studies, 2007), 1.37.3 (1:205). See Augustine, *Expositions on the Book of Psalms*, trans. H. M. Wilkins (Oxford: John Henry Parker, 1853), 5:511; and Turretin, *Institutes*, 3.9.5-6 (1:197-98).

행해져야 한다."[8]

셋째, **하나님의 광대하심을 통해 우리는 전심으로 그분을 의지하도록 격려받는다.** 이는 "여호와의 눈은 온 땅을 두루 감찰하사 전심으로 [온전히] 자기에게 향하는 자들을 위하여 능력을 베푸시"기(대하 16:9) 때문이다.

넷째, **하나님의 백성이 있는 곳 어디에나 하나님이 계시다는 사실은 우리에게 그분과 동행할 것을 요청한다.** 하나님은 우리에게 도덕적 완전함 가운데 하나님 앞에서 행하라고 말씀하신다(창 17:1).

다섯째, **삼위일체 하나님의 광대하심으로 말미암아 그리스도인들은 두려움을 떨쳐버릴 수 있다.** 언제 어디서든 어려운 일이 닥칠 때마다 다음과 같은 약속에 귀를 기울여보라. "두려워하지 말라 내가 너와 함께 함이라 놀라지 말라 나는 네 하나님이 됨이라 내가 너를 굳세게 하리라 참으로 너를 도와 주리라 참으로 나의 의로운 오른손으로 너를 붙들리라"(사 41:10).

여섯째, **하나님의 광대하심으로 인해 삼위일체 하나님의 은혜가 더욱 높임을 받는다.** 성부 하나님은 하늘에 거하시지만 동시에 그분의 모든 백성과 함께 거하신다. 하나님은 그들이 문 닫힌 집안에 있을 때에라도 그들의 신실한 헌신을 "은밀한 중에" 보시고 상 주시고 갚아 주신다(마 6:1, 4, 6, 9, 18). 다윗은 성령 하나님의 광대하심에 탄복하

---

8 Ezekiel Hopkins, *On Glorifying God in His Attributes*, in *The Works of the Right Reverend Father in God, Ezekiel Hopkins*, ed. Josiah Pratt (London: by C. Whittingham, for L. B. Seeley et al., 1809), 3:314.

여 이렇게 외쳤다. "내가 주의 영을 떠나 어디로 가며 주의 앞에서 어디로 피하리이까…내가 새벽 날개를 치며 바다 끝에 가서 거주할지라도 거기서도 주의 손이 나를 인도하시며 주의 오른손이 나를 붙드시리이다"(시 139:7, 9-10). 성자 하나님께서도 자신이 무소부재(無所不在, omnipresence)하신 하나님이심을 드러내 보이셨다. 그리스도께서는 그분의 교회 위에 "두세 사람이 내 이름으로 모인 곳에는 나도 그들 중에 있느니라"(마 18:20)라고 약속하셨다.

당신이 만약 어린 양의 피로 구속되었고, 성령님이 당신 안에 내주하시며, 성부께서 당신을 자녀로 삼으셨다면, 하나님의 광대하심과 무소부재하심의 진리를 통해 하나님을 경외하는 마음과 성령의 위로가 더욱 풍성해지도록 하라.

생각해볼 질문

1. 그 어떤 공간도 하나님을 담을 수 없으며, 오직 하나님만이 "그분이 거하시기에 충분한 장소"가 된다는 차녹의 말을 묵상해 보라. 이러한 진리는 어떻게 하나님께 영광을 돌리는가?

2. 하나님의 광대하심은 어떻게 하나님을 경외하는 마음과 두려움 없는 마음을 동시에 가능하게 하는가? 당신은 삶 가운데 이 사실을 참으로 경험한 적이 있는가?

3. 하나님의 광대하심은 어떻게 하나님을 의지하고 하나님과 동행하도록 격려할 수 있는가?

4. 삼위 하나님의 각 위격의 광대하심을 묵상해보라. 이 사실은 복음에 어떤 기여를 하는가?

5. 하나님의 광대하심이라는 진리를 통해 당신은 죄 문제 해결이나 성품의 성장에 어떤 도움을 얻을 수 있는가?

더 깊은 탐구

- 하나님의 광대하심에 관한 또 다른 성경 본문으로는 욥기 34:21-22; 시편 34:7, 17-22; 62:8; 이사야 66:1-2; 아모스 9:2; 에베소서 2:18; 히브리서 4:14-16 등이 있다.

- 하나님의 임재에 대하여 우리는 다음의 세 가지 면으로 생각해 볼 수 있다. 첫째, 본질에 관한 부분으로서, 그분의 온전한 존재(full being)가 제약을 받지 않고 임재하신다. 둘째, 언약과 관련된 부분으로서, 심판과 구원 안에서 하나님이 자신을 드러내시는 특별한 임재가 존재한다. 셋째, 성육신과 관련된 부분으로서, 하나님이 그분의 독생자를 통하여 인성을 입고 임재하신다

(요 1:14; 또한 사 7:14; 마 1:23 참조).

• 하나님의 임재에 관해 생각할 때 우리는 하나님이 특정한 장소에 임하신다는 특별한 임재, 모든 공간을 초월하신다는 그분의 본질적 임재(광대하심), 어느 곳에나 계신다는 측면에서의 임재(편재성)에 초점을 맞출 수 있다.

• Clarence H. Benson, *Immensity: God's Greatness Seen in Creation* (Chicago: Van Kampen Press, 1937)도 보라.

16

하나님은 어디에나 계신다

묵상 본문

여호와의 말씀이니라 나는 가까운 데에 있는 하나님이요 먼 데에 있는 하나님은 아니냐 여호와의 말씀이니라 사람이 내게 보이지 아니하려고 누가 자신을 은밀한 곳에 숨길 수 있겠느냐 여호와가 말하노라 나는 천지에 충만하지 아니하냐

—예레미야 23:23-24

기도

무소부재하신 하나님, 제가 지금 이렇게 기도하는 이 순간에도 주님은 저와 함께 계십니다. 주님은 우리와 함께하시는 임마누엘의 하나님이십니다. 주님은 저의 영원하신 하나님이시며, 바로 이 순간에도 주님의 충만하심과 위엄 가운데 어디에나 계십니다. 주님은 모든 시간과 공간을 가득 채우시지만 시간과 공간에 매이지 않는 분입니다. 이제 주님의 성품을 묵상하고자 하오니 주님의 주권과 선하심과 사랑을 알려 주소서. 저의 마음을 고요하게 하여 주사 잠잠히 주께서

하나님이심을 알게 하소서. 예수 그리스도의 이름으로 기도합니다. 아멘.

성경적 관점

하나님은 무한하신 영이고(요 4:24), 언제 어디에나 계신다. 그분의 신적 임재는 온 우주를 가득 채우고 있다(사 6:3 참조). 우리는 이러한 속성을 무소부재 혹은 편재성이라고 일컫는다. "하늘과 하늘들의 하늘이라도 주를 용납하지 못하겠거든"(왕상 8:27)이라는 말씀에서 보듯이, 하나님은 그분이 지으신 모든 피조 세계 안에 거하시지만 어떤 식으로든 피조물에 매이지 아니하신다. 또한 그분이 계시는 곳이 어디든 그분의 충만함 가운데 온전히 그곳에 계신다. 애틀란타에는 더 많이 계시고 시카고에는 더 적게 계시는 것이 아니며, 모든 곳에 동일하게 계신다.

다윗 왕은 "내가 주의 영을 떠나 어디로 가며 주의 앞에서 어디로 피하리이까"(시 139:7)라고 기도했다. 우리는 하나님을 피해 달아날 수 없다. 이것을 가만히 생각해보면 그리스도인들에게는 참으로 따뜻한 위로가 된다. 하나님이 언제 어디서나 우리와 함께 하시기 때문이다. 하지만 불신자들에게 이것은 너무나 끔찍하고 무서운 현실일 수밖에 없다. 믿지 않는 이들조차도 하나님의 주권적 임재와 그분을 아는 지식 앞에서 결코 숨을 수 없기 때문이다.

하나님은 그분의 피조 세계 안에 어디에나 계시는 반면, 그럼에도 그 피조물과는 구별되는 존재이시다. 다시 말해서 나무나 돌 같은 물질과는 그 본질이 전혀 다르신 것이다. 그분의 본질(nature)과 존재(being)는 지음을 받은 세상과는 전적으로 구별되고 다르다. 하나님은 그분이 지으신 세상 위에 초월해 계시면서(세상의 한계와 한도 안에 종속되지 않으신다는 의미) 또한 그 피조 세계 안에 내재해 계신다(그분의 피조물 안에 온전히 임재하신다는 의미).

그러나 그분이 피조 세계 안에 임재하신다는 말이 모든 피조물 안에 똑같은 의미로 동등하게 임재하신다는 뜻은 아니다. 예를 들어 하나님이 그분의 택하신 백성과 "함께" 계시는 것은 그분이 불신자들과 "함께" 계시는 것과는 그 의미가 전혀 다르다. 믿지 않는 사람과는 달리 그리스도인은 "성령의 전"(고전 6:19)이다. 때문에 하나님이 신자 "안에" 거하시는 것은 그분이 다른 어떤 것 "안에" 계시는 것과는 그 의미와 방식에 있어서 확연히 다르다(요 17:20-26 참조). 이에 대해 루이스 벌코프는 "그분이 자신의 피조물 안에 내재하시는 방식은 한 없이 다양하다."고 설명한다.[1]

복음에 내포된 가장 위대한 진리 가운데 하나는 하나님이 우리와 함께하신다는 사실이다. 이사야 선지자는 "그러므로 주께서 친히 징조를 너희에게 주실 것이라 보라 처녀가 잉태하여 아들을 낳을 것이요 그의 이름을 임마누엘이라 하리라"(사 7:14; 또한 마 1:23 참조)는 말씀을 기록함으로써 예수님의 오심을 예언하였다. 히브리어로 임마누엘은 "하나님이 우리와 함께"라는 의미이다. 다윗은 고난에

1 Louis Berkhof, *Systematic Theology* (Edinburgh: Banner of Truth, 1958), 61.

처해 있는 가운데서도 "내가 사망의 음침한 골짜기로 다닐지라도 해를 두려워하지 않을 것은 주께서 나와 함께 하심이라"(시 23:4)라는 말로 하나님이 자신과 함께 하심을 고백하였다. 예수님은 부활 후에 하늘로 올라가시면서 그분의 제자들에게 "볼지어다 내가 세상 끝날까지 너희와 항상 함께 있으리라"(마 28:20)라고 말씀하셨다. 당신이 예수 그리스도만을 당신의 유일한 구원자와 주님으로 믿고 의지한다면 그분이 지금 이 순간 당신과 함께 하신다. 그리고 당신을 구원으로 인도하시며, 인격적으로 친밀하게 살피시고, 당신의 모든 것을 아시는 분께서 당신을 위해 중보하시며, 항상 살아 계셔서 당신을 위해 간구하신다(히 7:25).

하나님은 어디에나 계신다. 그런데 그분의 충만하신 존재와 성품이 어린아이의 모양을 입고 깨어진 이 세상의 고통 속으로 들어 오셨다. 바로 그 아이가 자라나며 죄 없는 완전한 삶을 사심으로써 하나님의 흠 없는 어린 양으로서 세상의 죄를 지고 죽임을 당하셨다. 하나님은 그분의 아들이신 예수님 안에서 우리와 함께 하신다. 부디 당신이 하나님과의 더 큰 교제 가운데로 인도되어 세상 어디에나 계시며 동시에 당신과 함께 하시는 하나님에 대한 사랑이 불타오르기를 기원한다. 또한 하나님이 "너희 안에 계신 그리스도 곧 영광의 소망"으로서 당신의 마음속에 계시기를 기원한다.

생각해볼 질문

1. 본 장의 묵상 본문인 예레미야서 23장 23절에서 하나님은 수사적인 질문을 하신다. 이 질문에 대한 자명한 대답은 무엇이라고 생각하는가? 하나님이 그렇게 자명한 대답을 기대하시며 수사적인 질문을 하신 이유는 무엇이라고 생각하는가?

2. 당신은 하나님이 "먼 데에" 계시지 않고 "가까운 데에" 계신다는 것을 믿기 어려울 때가 있는가?

3. 묵상 본문 24절의 마지막 부분에서 "여호와가 말하노라 나는 천지에 충만하지 아니하냐"라는 말씀을 묵상해보라. 이 말씀에서 심오하고 놀라운 점은 무엇인가? 이것을 당신의 말로 다시 한 번 표현해보라.

4. 하나님이 어디에나 계신다는 이 진리가 불신자들에게는 어떻게 두려운 사실이 될 수 있겠는가?

5. 하나님이 어디에나 계신다는 이 진리가 그리스도인들에게는 어떻게 위로를 주는 사실이 될 수 있겠는가?

6. 신학적으로 볼 때 죄인인 우리가 거룩하신 하나님과 함께 하는

일이 어떻게 가능한가? 예수님의 삶과 죽음은 이 우주적인 문제와 어떻게 관련되는가?

더 깊은 탐구

- 하나님이 어디에나 계신다고 말씀하고 있는 또 다른 성경 본문으로는 열왕기상 8:27; 시편 23:4; 139:7-10; 145:18; 이사야 66:1; 예레미야 23:24; 마태복음 28:20; 요한복음 4:24; 사도행전 17:27-28; 히브리서 4:14-16; 12:22-24 등이 있다.

- 하나님의 초월성에는 그분이 거룩하신 영이라는 이해가 담겨 있다(요 4:24). 웨스트민스터 소요리문답 제4문은 "하나님은 어떤 분이십니까?"라고 묻고 나서, "하나님은 영이십니다. 그분의 존재와 지혜, 능력과 거룩함, 공의와 인자와 진실이 무한하고, 영원하며, 불변하는 분입니다."라고 답한다. 하나님은 어디에나 계시지만 또한 만물 위에 계신다. 이는 그분의 존재가 피조물과는 구별되기 때문이다. 그분은 "높이 들린" 분이시다(사 6:1).

- D. A. Carson, *The God Who is There: Finding Your Place in God's Story* (Grand Rapids: Baker, 2010); Ann Spangler, *Praying the Names of God:*

A Daily Guide (Grand Rapids: Zondervan, 2004); Carol J. Ruvolo, *God With Us: Light From the Gospels* (Phillipsburg, N.J.: P&R, 1998)도 보라.

17

하나님은 변하지 않으신다

묵상 본문

주께서 옛적에 땅의 기초를 놓으셨사오며 하늘도 주의 손으로 지으신 바니이다 천지는 없어지려니와 주는 영존하시겠고 그것들은 다 옷 같이 낡으리니 의복 같이 바꾸시면 바뀌려니와 주는 한결같으시고 주의 연대는 무궁하리이다

—시편 102:25-27

기도

변하지 않으시는 주님, 주님은 스스로 계시는 위대한 분이시며 변하지 않는 반석이십니다. 저의 구원은 반석이신 주님께 의존합니다. 저는 비록 하루가 멀다 하고 마음가짐과 포부와 성품이 변하나, 주님은 변하지 않으십니다. 주님은 완전하시기에 변함이 없이 시종여일(始終如一)하십니다. 저의 묵상과 사고를 주님의 변하지 않으시는 성품의 잔잔한 물가로 인도하여 주소서. 저를 도우사 신뢰할 수 있고 늘 동일하며 진실하신 주님의 성품을 보게 하소서. 제게 은혜를 베푸사 제

가 주님의 불변성 안에서 위로를 얻게 하소서. 주께서 사랑하시는 독생자의 이름으로 기도합니다. 아멘.

성경적 관점

하나님은 변하지 않으신다. "어제나 오늘이나 영원토록"(히 13:8) 동일하시다. 그리스도인들은 하나님이 변하지 않으신다고 확언한다. 이것은 하나님의 존재와 속성과 뜻이 변화 아래 놓여 있지 않다는 의미이다. 다른 말로 하자면 하나님은 단 한 순간도 하나님이심을 중단하지 않으신다. 그분은 완전하시므로 더 나아지거나 더 위대한 존재로 진보하는 일은 있을 수 없다. 또한 더 열등한 존재로 퇴보하는 일도 있을 수 없다.

하나님이 영원하시기 때문에(신 33:27; 계 1:8) 그분의 모든 속성 또한 영원하다. 곧 그분의 능력 또한 변하지 않는다. 세상을 다스리시는 그분의 주권도 결코 약해지지 않고, 흔들림 없는 그분의 사랑도 절대 사그라들지 않으며, 순전하신 그분의 거룩하심 역시 요지부동하고 견고하다. 그분의 지혜는 영원하다. 그분은 처음과 끝을 다 아신다, 그분의 속성들은 불변하는데 이는 곧 하나님이 불변하시기 때문이다.

야고보서 1장 17절에서는 "온갖 좋은 은사와 온전한 선물이 다 위로부터 빛들의 아버지께로부터 내려오나니 그는 변함도 없으시고 회전하는 그림자도 없으시니라"라고 말한다. 지구는 태양 주위를 돌기 때문에 빛의 방향이 변함에 따라 그림자도 변하기 마련이다. 하지만 하나님은 "회전하는 그림자"도 없으신데, 그 근원이 되는 하나님이 변하지 않으시기 때문이다.

또한 하나님의 뜻, 결심, 작정도 변하지 않는다. 하나님은 "창세 전에…그 기쁘신 뜻대로"(엡 1:4-5) 우리를 택하셨다. 그리고 "영원부터 예정하신 뜻"을 그리스도 예수 안에서 이루셨다(엡 3:11). 하나님이 어떤 일을 행하실 때는 마음을 바꾸거나 재고하지 않으신다. 그분은 모든 지식과 지혜와 능력을 갖고 계시기에 언제나 의도를 갖고 완전하게 행동하신다. 거기서 조금도 더하거나 덜하거나 예외가 발생하지 않는다.

우리가 하나님의 성품을 점점 더 많이 알아갈수록, 우리는 마음을 새롭게 함으로(롬 12:2) 변화된다. 이에 대하여 스프로울(R. C. Sproul)은 다음과 같이 설명한다. "하나님에 대한 우리의 이해가 변할 때, 이것은 하나님이 변하셨기 때문이 아니다. 변하는 것은 우리다. 하나님은 성장하지 않으시며, 시간의 흐름에 따라 더 나은 존재로 개선되는 일도 없으시다. 하나님은 영원한 주이시다."[1]

하나님은 영원 전부터 세 위격, 한 하나님으로 존재해 오셨다. 성부 하나님, 성자 하나님, 성령 하나님은 함께 영원하시며, 동일한 본질과 신성을 가지셨다(히 1:1-3). 성부의 속성이라고 할 수 있는 것들을 성자께서도 갖고 계시며, 그 반대도 마찬가지다. 따라서 예수 그

---

1 R. C. Sproul, *The Character of God: Discovering the God Who Is* (Ven-tura, Calif.: Regal, 1995), 84.

리스도 역시 “어제나 오늘이나 영원토록 동일하시다”(히 13:8). 예수님이 하나님의 충만하심을 나타내셨다(골 2:9). 따라서 예수님은 성부와 성령처럼 주권과 능력이 있으시고 또한 영원하시다. 실로 하나님이 자신을 칭하기 위해 사용하신 바로 그 이름, 곧 “나는 스스로 있는 자이니라”(출 3:14)라는 뜻을 가진 이름 “여호와”는 하나님의 본성의 절대적인 불변성을 보여준다.

다사다난한 일상과 요동치는 인간관계 속에서, 그리고 우리의 믿음이 장성해 가는 과정 속에서 당신은 하나님이 변하지 않으신다는 진리 안에서 안식할 수 있다. “여호와는 나의 반석이시요 나의 요새시요”(시 18:2)라는 말씀에서 알 수 있듯이, 하나님은 결코 변하지 않으신다. 그분의 약속은 흔들리지 않으며, 그분의 사랑은 꺾이지 않고, 당신을 향한 그분의 계획은 확고하다. 이는 “지존자의 은밀한 곳에 거하는 자는 전능하신 자의 그늘 아래 거하리로다”(시 91:1)(한글개역 성경을 인용함—번역주)라는 시편 기자의 말과 같다. 하나님의 “그늘”은 결코 움직이지 않는다. 당신은 지존하신 분의 피난처에서 안식과 확신을 발견할 수 있다. 왜냐하면 그 피난처는 결코 무너지거나 내려앉지 않을 것이기 때문이다.

생각해볼 질문

1. 이번 장의 묵상 구절에서 시편 기자는 하나님의 창조와 그분의

불변성을 연결시키고 있다. 당신은 이 둘이 어떻게 관련된다고 생각하는가?

2. 본문 27절에서 시편 기자는 하나님의 불변성과 그분의 연대가 "무한하다"는 점을 관련시킨다. 이 둘 사이에는 어떤 관계가 있는가?

3. 하나님의 불변성을 알게 됨으로써 당신은 어떤 위로를 얻을 수 있겠는가?

4. 하나님의 불변성을 알게 됨으로써 당신의 기도 생활은 어떤 영향을 받을 수 있겠는가?

5. 당신은 계속해서 변하고, 지식이 성장하고, 혹은 더 나은 존재로 진보하는 하나님을 신뢰할 수 있겠는가? 그렇지 않다면 그 이유는 무엇인가?

6. 만약 하나님의 뜻과 목적과 작정이 영원하고 불변하다면 예수님이 십자가에서 돌아가신 일을 '차선책'이었다고 할 수 있는가? 이사야 53장 10절과 사도행전 2장 22-24절을 읽어보라.

더 깊은 탐구

- 하나님의 불변성에 관한 또 다른 성경 본문으로는 민수기 23:19-20; 신명기 32:4; 사무엘상 15:29; 시편 33:11; 93:2; 예레미야 31:3; 말라기 3:6; 요한복음 13:1; 로마서 11:29; 에베소서 1:4-10; 3:11; 히브리서 6:17; 야고보서 1:17; 요한계시록 1:8 등이 있다.

- 회의론자들은 하나님이 마음을 바꾸시거나 후회하시는 것으로 표현된 성경의 구절들을 지적한다(창 6:6; 출 32:14 참조). 그러나 하나님은 마음을 바꾸지 않으신다는 것이 그 밖의 수많은 구절들에서 분명하게 나타나고 있다(민 23:19; 삼상 15:29; 시 33:11; 히 6:17 참조). 성경에는 소위 "현상학적 언어 표현"이라는 기법을 사용하는 곳이 많이 있는데, 이것은 특정 사건을 관찰자의 시점으로 묘사하는 것을 말한다(예컨대, 하나님의 "손", "눈", "깨어나시다" 등). 하나님이 '마음을 바꾸신다'는 표현은 모세의 유한하고 제한된 지식에서 바라본 모습을 기술한 것이다.

- 사람들이 흔히 묻는 또 다른 질문은 "예수님이 하나님이시라면, 예수님이 죽으셨을 때 그럼 하나님이 죽으셨다는 말인가?" 이다. 이에 대한 답변은 예수님은 참 하나님이시자 동시에 참 인간이셨다는 것이다. 그분의 인성은 죽으셨지만, 그분의 신성

은 결코 죽거나 변하지 않으신다(히 13:8 참조). 이것을 우리는 하나님의 고통불가성(impassibility, '무감성'이라고도 함)이라고 부른다. 한편 성경은 예수님의 지혜가 자랐다고 말한다(눅 2:52). 즉 그분의 인성에 있어서는 예수님도 나와 당신처럼 여러 번의 생일을 맞이하면서 지혜가 자라가셨던 것이다. 그분은 온전한 하나님이자 온전한 인간이셨다.

• Philip Graham Ryken, *Discovering God in Stories from the Bible* (Phillipsburg, N.J.: P&R, 2010); A. W. Pink, *The Attributes of God* (Grand Rapids: Baker, 1975)도 보라.

18

하나님은 모든 것을 아신다

묵상 본문

여호와여 주께서 나를 살펴 보셨으므로 나를 아시나이다 주께서 내가 앉고 일어섬을 아시고 멀리서도 나의 생각을 밝히 아시오며 나의 모든 길과 내가 눕는 것을 살펴 보셨으므로 나의 모든 행위를 익히 아시오니 여호와여 내 혀의 말을 알지 못하시는 것이 하나도 없으시니이다 주께서 나의 앞뒤를 둘러싸시고 내게 안수하셨나이다 이 지식이 내게 너무 기이하니 높아서 내가 능히 미치지 못하나이다

—시편 139:1–6

기도

모든 것을 아시며 하늘에 계시는 하나님, 이 시편의 말씀으로 기도드립니다. 저는 마치 주님께서 저에 대해 아무것도 알지 못하시는 것처럼 주께 나아와 저에 관해 이것저것을 말씀드리오나, 실은 주께서는 저에 관해 모든 것을 다 알고 계십니다. 제가 생각하고, 말하고, 행동하는 모든 것뿐 아니라 앞으로 제가 생각하고, 말하고, 행동할 모든

것도 주님은 다 아십니다. 주님은 모든 것을 다 아시지만 저를 멸하지 아니하시고, 오히려 전능하신 하나님의 아들을 통해 저에게 긍휼을 베푸셨사오니 주님을 찬양합니다. 주님의 그 놀라우신 은혜에 제 마음속 깊은 곳에서부터 감사드립니다. 또한 주님의 온전하신 지혜와 능력과 지식을 따라 제 삶의 구석구석은 물론 만물을 다 정하셨으니 이 또한 감사를 드립니다. 이 시간 주님의 무한하고 깊은 지식에 대해 묵상하고자 하오니, 겸손과 사랑으로 저를 채워주소서. 기묘자요 모사요 전능하신 하나님이요 영존하시는 아버지이신 분의 이름으로 기도합니다. 아멘.

성경적 관점

하나님은 전지(全知)하시다. 즉 그분은 모든 것을 아신다. 단 하나의 생각이나 말이나 행동도 하나님의 지식에서 벗어날 수 있는 것은 없다. 또한 하나님은 과거, 현재, 미래의 일들도 다 알고 계신다. 그리고 하나님은 그 모든 것들에 관해 그저 피상적으로 아시는 것이 아니다. 하나님의 지식은 작고 사소한 것들에 이르기까지 속속들이 미치는데, 왜냐하면 그분의 지식은 곧 그분이 주권적인 창조주시라는 사실과 직결되기 때문이다.

하나님은 일어나는 모든 일들을 다 아신다. 왜냐하면 일어나는 그 모든 일들을 주관하고 다스리시기 때문이다(사 46:8-11). 그러나 그분의 주권에 관한 장에서 다시 살펴보겠지만, 하나님의 주권적 다스리심 앞에서 우리가 그저 로봇으로 전락해 버리는 것은 아니다. 하나님의 주권적인 통치 아래 우리가 감당해야 할 책임이 있기 때문이다. 하지만 "너희에게는 머리털까지 다 세신 바 되었나니"(마 10:30)라는 말씀과 같이 하나님은 우리가 무엇을 생각하기 전에 우리의 생각을 아시고, 우리가 손가락 하나를 까딱하기 전에 어떤 행동을 할지 다 아신다. 당신이 지금 이 책을 읽게 되리라는 것도 하나님은 이미 다 알고 계셨다. 하나님은 앞날에 일어날 일도 전부 다 알고 계신다. 왜냐하면 미래는 전적으로 그분의 주권적인 뜻에 달려 있기 때문이다(엡 1:7-10).

하나님의 지식은 또한 그분이 친히 만물을 창조하셨다는 사실과 직결되어 있다. 하나님은 생명의 창시자요 온 우주의 창조주이시기 때문에 자신이 지으신 모든 것을 완벽하게 알고 계신다. 토기장이가 자기 손 안에 있는 진흙을 잘 알고 있듯이 하나님도 그분이 지으신 피조물을 잘 아신다(롬 9:20-23).

하나님은 오직 자신의 영광을 위하여 만물을 창조하셨다. 따라서 하나님을 영화롭게 하고 하나님을 즐거워하는 것이 바로 당신이 지음을 받은 이유이다.[1]

하나님은 아담이 에덴 동산에서 죄를 짓게 되리라는 것을 아셨고, 또한 그분의 독생자께서 자신의 신부를 위해 고난을 받고 죽게 되리라는 것(엡 5:25)도 아셨다. 이는 "그가 하나님이 정하신 뜻과 미

1 이것은 웨스트민스터 소요리문답 제1문 "인간의 제일가는 목적은 무엇입니까?"에 대한 대답이다.

리 아신 대로 내준 바 되었거늘 너희가 법 없는 자들의 손을 빌려 못 박아 죽였으나"(행 2:23)라는 누가의 기록을 통해서도 드러난다. 하나님은 예수님이 죽임을 당하실 것을 그분의 영원한 지식 안에서 말 그대로 "창세"(계 13:8) 전부터 알고 계셨던 것이다.

보이지 않는 하나님의 형상이신 예수님은 모든 것을 알고 계셨다. 베드로는 부활하신 예수님께 "주님, 모든 것을 아시오매"(요 21:17)라고 말했다. "하나님의 지혜"(고전 1:24)이신 예수님은 믿는 자의 지혜가 되신다(고전 1:30). 바울은 그리스도 안에 "지혜와 지식의 모든 보화가 감추어져 있느니라"라고 말한다(골 2:3).

하나님은 택하신 자기 백성을 친히 아신다고 말씀한다. 이것을 '미리 아심' 혹은 '예지(豫知)'라고 부른다. 이는 하나님이 장래 일을 내다보시고 훗날 누가 회개하고 믿을지 아신다는 의미가 아닌 것이 분명하다. 물론 그러한 객관적 지식도 분명한 사실이고 그분의 전지하심의 한 부분이기는 하지만, 하나님이 신자들을 아시는 것은 친히 그들이 믿도록 예정하셨기 때문이다. 이에 대해 바울은 다시 한 번 "하나님이 미리 아신 자들을 또한 그 아들의 형상을 본받게 하기 위하여 미리 정하셨으니"(롬 8:29)라고 설명한다. 베드로는 신자들이 "하나님 아버지의 미리 아심을 따라…택하심을 받은 자들"(벧전 1:2)이라고 말한다. 고린도전서 8장 3절에서 바울은 "또 누구든지 하나님을 사랑하면 그 사람은 하나님도 알아 주시느니라"라고 말하며, 디모데후서 2장 19절에서는 "주께서 자기 백성을 아신다"고 말한다.

하나님이 자기 백성, 자기 자녀들을 아시는 그 지식은 구원의 원천이 되며, 친밀하고, 포괄적인 지식이다. 하나님은 예레미야에게 "내가 너를 모태에 짓기 전에 너를 알았다"(렘 1:5)고 말씀하신다. 그와 반대로 예수님은 그리스도인인 척하는 어떤 이들에게 "내가 너희를 도무지 알지 못하니 불법을 행하는 자들아 내게서 떠나가라"(마 7:23)고 말씀하신다. 선한 목자이신 예수님은 "나는 내 양을 알고 양도 나를 안다"(요 10:14)고 말씀하셨다.

참으로 하나님은 모든 것을 아시며, 하나님 모르게 일어나는 일은 하나도 없다. 구약 성경의 저자들은 성령의 감동으로(벧후 1:21) 오실 메시아, 곧 주 예수 그리스도를 내다보았는데, 이는 성령님께서 그리스도의 오심에 관한 모든 구체적인 것들을 온전하고 완전하게 알고 계셨기 때문이다. 이러한 예언은 오직 모든 것을 아시는 분만이 주실 수 있는 것이다.

"깊도다 하나님의 지혜와 지식의 풍성함이여, 그의 판단은 헤아리지 못할 것이며 그의 길은 찾지 못할 것이로다"(롬 11:33). 이처럼 하나님의 말씀의 진리를 함께 노래하며 하나님께 찬송을 돌려드릴 수 있기를 바란다. 또한 우리가 그리스도를 알기 위해 노력하여(빌 3:10) 우리의 사랑이 "지식으로 점점 더 풍성하게"(빌 1:9) 되기를 바란다. "오직 우리 주 곧 구주 예수 그리스도의 은혜와 그를 아는 지식에서 자라 가"기를 바란다. "영광이 이제와 영원한 날까지 그에게 있을지어다 아멘"(벧후 3:18).

생각해볼 질문

1. 시편 139장 1-6절 말씀을 다시 한 번 돌아볼 때, 혹 하나님이 모르실 것이라고 생각하며 은밀히 저질렀던 죄를 떠올릴 수 있는가?

2. 다윗 왕은 그의 하나님을 알았고, 하나님도 그를 아셨다. 그는 하나님의 마음에 맞는 사람(삼상 13:14)이었다. 하나님이 당신을 친밀히 아시는 것에 대해 당신은 어떻게 그분을 찬송할 수 있겠는가?

3. 하나님이 당신의 죄, 죄와의 싸움, 은사, 연약함 등 당신에 관한 모든 것을 온전히 알고 계신다는 사실로부터 당신은 어떻게 하나님을 경외하는 마음과 위로를 동시에 얻게 되는가?

4. 묵상 본문의 2절에서 다윗은 "나의 생각을 밝히 아시오며"라고 기도한다. 분별력을 갖게 되면 당신이 어떤 생각을 하고 있고 또 그 이면의 동기는 무엇인지도 알게 된다. 최근에 당신은 어떤 생각들을 하고 있는가? 당신은 "모든 생각을 사로잡아 그리스도에게 복종하게"(고후 10:5) 하고자 노력하는가?

5. 본문의 6절에서 다윗은 하나님의 지식이 "높아서" 자신이 능

히 "미치지 못하나이다"라는 말을 하고 있다. 사실 하나님의 지식에 미치고자 하는 이것은 에덴 동산에서 사탄이 아담과 하와에게 던져주었던 바로 그 유혹이었다(창 3:5). 혹 당신은 다른 사람들 앞에서 당신의 지식이 하나님의 지식과 비교할 때 얼마나 유한한지 모른 채, 자신의 지식을 은근슬쩍 자랑하거나 과시했던 적이 있는가? 잠시 시간을 내어 당신의 마음을 들여다보면서 구체적인 상황 속에서 교만했던 것을 회개하는 시간을 갖도록 하라.

더 깊은 탐구

- 하나님의 전지하심에 관한 또 다른 성경 본문으로는 욥기 23:10; 시편 90:8; 103:14; 139:23-24; 147:5; 잠언 19:21; 이사야 46:8-11; 예레미야 1:5; 에스겔 11:5; 다니엘 2:22; 호세아 7:2; 아모스 3:2; 요한복음 21:17; 사도행전 2:23; 15:18; 로마서 8:29-30; 11:33-36; 베드로전서 1:2 등이 있다.

- 만약 하나님이 모든 것을 아시지 못한다면 그분이 어떤 약속을 하실 수 있겠는가? 당신은 그런 분을 신뢰할 수 있겠는가? 하나님의 절대적이고 완전한 지식이야말로 믿음의 핵심인데, 우리는 그것에 대해 충분히 생각하지 않는다. 하나님의 지식을

묵상하여 그것을 당신의 삶에 적용해보라.

• John M. Frame, *The Doctrine of the Knowledge of God* (Phillipsburg, N.J.: P&R, 1987); Edward A. Dowey, *The Knowledge of God in Calvin's Theology* (Grand Rapids: Eerdmans, 1994)도 보라.

19

하나님의 미리 아심(예지)

묵상 본문

너희는 옛적 일을 기억하라 나는 하나님이라 나 외에 다른 이가 없느니라 나는 하나님이라 나 같은 이가 없느니라 내가 시초부터 종말을 알리며 아직 이루지 아니한 일을 옛적부터 보이고 이르기를 나의 뜻이 설 것이니 내가 나의 모든 기뻐하는 것을 이루리라 하였노라

—이사야 46:9–10

기도

하늘에 계신 우리 아버지여, 하나님은 미리 아심을 통하여 역사의 가장 커다란 일들부터 제 일상의 세세한 부분들까지 온 우주를 친히 다스리시니, 참으로 주님께 찬양과 경배를 돌립니다. 주께서 선하시므로, 만물을 작정하시는 주님의 그 지혜 가운데서 제가 두려움 없이 담대할 수 있습니다. 주님의 미리 아심을 깊이 생각할 때에 제 마음속에 경외심과 경배심, 겸손과 소망을 허락해주소서. 저의 모든 죄를 씻으시는 예수님의 보혈을 의지하여 기도드립니다. 아멘.

▬ 성경적 관점

성경에서 하나님은 아직 일어나지 않은 미래의 일을 계시하시는 경우가 있는데, 결국에는 그분의 말씀대로 이루어진다. 하나님은 "나는 하나님이라 나 같은 이가 없느니라 내가 시초부터 종말을 알리며"(사 46:9-10)라고 말씀하셨다. 하나님의 전지하심이 미래의 일에까지 미치는 것을 그분의 '미리 아심' 혹은 '예지(豫知)'라고 부른다. 이 속성에 의해 하나님은 다른 그 어떤 존재와도 구별되신다.

하나님은 아브라함(창 12:3; 15:13; 갈 3:8), 요셉(창 37장, 40-41장), 모세(출 3:19-20; 4:21-23)와 언약을 맺으시고 그것을 이루시는 과정에서 그분의 예지를 나타내 보이셨다. 하나님의 예지는 의심의 여지가 없는 것이기에 하나님은 그것을 참 선지자 분별의 시금석으로 삼아 모세에게 다음과 같이 말씀하셨다. "만일 선지자가 있어 여호와의 이름으로 말한 일에 증험도 없고 성취함도 없으면 이는 여호와께서 말씀하신 것이 아니요 그 선지자가 제 마음대로 한 말이니 너는 그를 두려워하지 말지니라"(신 18:22).

이사야 선지자는 미래의 일을 선언할 수 있는 신적인 능력에 입각하여 다음과 같이 거짓 신들을 비판하는 예언을 했다. "장차 당할 일을 우리에게 진술하라 또 이전 일이 어떠한 것도 알게 하라 우리가 마음에 두고 그 결말을 알아보리라 혹 앞으로 올 일을 듣게 하며 뒤에 올 일을 알게 하라 그리하면 너희가 신들인 줄 우리가 알리라 또 복을 내리든지 재난을 내리든지 하라 우리가 함께 보고 놀라리라"(사 41:22-23). 하나님은 그 어떤 미래의 일도 모르시는 것이 없으며, 그렇지 않다면 그분은 더 이상 하나님이 아닐 것이다. 그분의 신성으로 말미암아 그분은 영원부터 영원까지의 모든 일을 다 알고 계신다.

역사상 가장 위대한 예언의 성취는 바로 하나님의 아들께서 오신 사건이며, 이는 구약 성경의 커다란 주제이다(눅 24:44-47). 선지자들은 그리스도께서 유다 지파에서(창 49:10) 다윗의 자손으로(사 9:6-7) 오실 것을 예언하였다. 그분은 베들레헴 지역에서(미 5:2) 처녀의 몸에서(사 7:14) 나실 것이며, 갈릴리 땅에 하나님의 빛을 비추실 것이었다(사 9:1-2). 또한 그분은 모세와 같은 선지자가 되어 하나님의 일을 선포하고 이적을 행하실 것이다(신 18:15-19; 34:10-12). 그리고 다른 설교자 하나가 그분 앞에 와서 주님의 오심을 준비하라고 이스라엘에게 외칠 것이다(사 40:3; 말 3:1). 그 땅의 지도자들은 그리스도를 거절할 것이나 하나님은 그분을 새로운 성전의 모퉁잇돌이 되게 하실 것이다(시 118:22-26). 그분은 겸손한 왕과 같이 나귀를 타고 예루살렘에 입성하실 것이다(슥 9;9). 원수들이 그분의 손과 발을 찌르고, 그분의 죽음을 조롱하고, 하나님조차 그분을 심판에 내어 버리심으로써 그분은 커다란 슬픔에 휩싸이게 되실 것이다(시 22:1, 7, 13, 16). 그분은 잠잠히 자기 백성의 죄를 지고 그들이 받아야 할 형벌을 받으실 것이며, 부자들과 함께 묻히실 것이다(사 53:5-9). 하나님이 그분을 죽은 자들 가운데서 다시 살리실 것이며(시 16:10-11), 보좌 우편의 가장 큰 영광스러운 자리에 앉게 하실 것이다(시 110:1). 마지막 때에 그분이 기쁨의 소식을 전하시어 모든 나라의 모든 족속이 하나님을 예배할 것이다(시 22:22, 27).

하나님이 그분의 아들에 관한 예언들을 성취하심으로써 자신의 예지를 증명하신 것을 볼 때 우리의 마음은 기쁨과 찬양으로 뜨거워질 수밖에 없다. 하나님이 앞날에 일어날 모든 일을 조금의 오류도 없이 미리 아신다는 사실은 그리스도인의 삶에 시사하는 바가 굉장히 크다. 이와 같은 성경의 진리에 대해 우리는 경외심과 경배심, 그리고 겸손과 소망으로 응답해야 할 것이다.

첫째, 우리는 하나님의 예지 교리에 대한 경외심을 함양함으로써 하나님이 앞으로 일어날 일들을 아신다는 이 사실에 너무 익숙해져 무감각해지거나 그것을 가볍게 여기지 않아야 할 것이다. 하나님은 어떤 분이시길래 모든 일의 시종을 다 아시는 것일까? 이에 대해 핑크(A. W. Pink)는 "하나님은 가장 지혜로운 자보다 더욱 높이 계신다! 우리 중 아무도 어떤 날이 펼쳐질지 알지 못하나 그분의 전지하신 눈 앞에는 모든 미래가 환히 열려 있다."라고 말했다.[1]

둘째, 우리는 하나님을 미래의 하나님으로, 곧 유일하신 참 하나님으로 찬양하고 예배해야만 한다. 만물 가운데 오직 그분만이 미래의 일을 확실히 아시므로 우리는 그분께 영광을 돌려야 한다. 거짓 신들은 어떤 일이 일어날지 알지 못한다. 아니, 사실 그에 대해 아무것도 모른다. 사람은 계획이 틀어질 때 놀라서 우왕좌왕하는 일이 많다. 이스라엘의 하나님은 미래를 주관하는 주권자이시며, 오

---

1 Pink, *The Attributes of God*, 25-26.

직 그분만이 우리의 예배를 받으시기에 합당하시다.[2]

셋째, 우리는 하나님만이 미래를 주관하는 주권자이시고 우리는 그렇지 못하다는 것을 인정함으로써 겸손을 함양해야 한다. 우리는 "내일 일을 알지 못하는도다"라는 말씀을 기억하며 겸손한 마음으로 계획을 세워야 한다. 우리는 "주의 뜻이면 우리가 살기도 하고 이것이나 저것을 하리라"(약 4:14-15)라고 말해야 한다. 하나님이 미래의 일을 미리 아신다는 사실에서 우리가 되새겨야 할 것은 우리는 하나님이 아니며 우리의 앞날이 그분의 손에 달려 있다는 점이다(시 31:15). 그러므로 우리 자신의 지혜를 의지하지 말고 주님을 의지함으로 우리의 계획을 그분께 맡겨드리자(잠 3:5-6; 16:3).

넷째, 우리는 미래에 대한 하나님의 약속을 신뢰함으로써 소망을 함양해야 한다. 구원과 심판에 관한 그분의 말씀은 단 하나도 땅에 떨어지지 않는다(삼상 3:19; 왕하 10:10). 특별히 주 예수 그리스도께서 하나님의 거룩한 영광 가운데 다시 오셔서 이 땅을 심판하시고 자기 백성에게 영원한 기쁨을 주실 것이라는 이 위대한 약속을 우리는 신뢰해야 할 것이다. 그리스도 안에서 영광을 얻고자 하시는 하나님의 계획을 좌절시킬 수 있는 것은 아무것도 없다. 하나님은 "이 말은 신실하고 참되다"(계 21:5)라고 우리에게 말씀하신다. 그 말씀 위에 우리의 온 삶을 걸고, 모든 시련 중에 당당히 머리를 들자.

---

2 Ussher, *A Body of Divinity: Being the Sum and Substance of the Chris-tian Religion*, intro. Crawford Gribben (Birmingham, Ala.: Solid Ground, 2007), 2nd head (38).

생각해볼 질문

1. 우리가 미래에 어떤 결정을 하게 될지 하나님이 미리 아신다는 것을 보여주는 성경 구절로는 어떤 것들이 있는가?

2. 그리스도께서는 최후의 만찬 자리에서 자신이 앞으로 일어날 일을 미리 알고 계신다는 것을 어떻게 입증하셨는가?

3. 하나님은 당신이 태어나기도 전에 당신의 온 삶을 이미 알고 계신다는 교리에 대해 묵상해보라. 이러한 진리는 당신에게 어떤 영향을 미치는가? 이것을 통해 당신은 어떻게 외경심과 경배심, 그리고 겸손과 소망을 함양할 수 있겠는가?

4. "우리 중 아무도 어떤 날이 펼쳐질지 알지 못하나, 그분의 전지하신 눈 앞에는 모든 미래가 환히 열려 있다."라고 말한 A. W. 핑크의 말을 생각해보라. 당신의 현재 상황에서 이것을 어떻게 적용할 수 있는가?

5. 앞서 언급한 네 가지 적용점들, 즉 외경심, 경배심, 겸손, 소망 중에서 당신에게 가장 부족하고 가장 개선되어야 하는 것은 무엇인가?

더 깊은 탐구

- 하나님의 미리 아심에 관한 또 다른 성경 본문으로는 시편 139:4; 예레미야 1:5; 29:11; 사도행전 15:18; 로마서 8:29; 고린도전서 15:3-4; 베드로전서 1:2, 20 등이 있다.

- '미리 아심'이라는 말은 우리의 행동을 우리가 선택할 수 없음을 의미하지 않는다. 아우구스티누스는 하나님이 우리의 행동을 미리 아신다고 해서 우리가 어떤 행동을 하는지와 그것을 왜 하는지 사이의 연결이 끊어지는 것은 아니라고 말했다. 즉 우리 행동의 원인은 우리의 선택이다. 우리는 인간의 의지라는 실체를 부정하지 않지만, 그것을 하나님의 무한히 더 큰 뜻에 복종시킨다.[3]

- 하나님은 어떻게 미래의 일을 아시는가? 하나님의 지식은 어떤 일이 발생하는 원인이 되는가? 하나님이 영원부터 영원까지 역사 속에서 일어날 일들을 알고 계시는 것은 그분이 시간이 있기 전에 그 일을 작정하시고, 그 후에 어긋남 없는 섭리를 통해 그 작정을 이루시기 때문이다. 그분은 시초부터 종말

---

3 Augustine, *The City of God*, 5.9, in *A Select Library of Nicene and Post-Nicene Fathers of the Christian Church*, ed. Philip Schaff (New York: Christian Literature, 1888), 2:91-92.

을 알리신다(사 46:9-10). 주님이 미래의 일을 아시는 것은 그분이 자신의 뜻을 아시기 때문이다. 이것을 일컬어 작정적 예지(decretal foreknowledge)라고 한다.

• 그리스도께서 친히 예지의 능력을 드러내 보이신 것은 하나님의 아들이신 그분의 신성을 계시하신 것이다. 주 예수님은 그분이 배척당하실 것과 죽임을 당하실 것, 그리고 부활하실 것을 예견하셨다(눅 9:22). 또한 베드로의 순교(요 21:18-19)와 예루살렘의 멸망(눅 21:20-24)도 예견하셨다. 그리스도께서는 제자들에게 그들 중의 한 사람이 자신을 배신하리라는 것을 말씀하셨고, 그 사람이 유다임을 조심스럽게 말씀하셨다(요 13:21-26). "지금부터 일이 일어나기 전에 미리 너희에게 일러 둠은 일이 일어날 때에 내가 그인 줄 너희가 믿게 하려 함이로라"(19절)라는 그리스도의 말씀에서 알 수 있듯이 예수님은 "내가 ~이다"(ἐγώ εἰμι)라고 말씀하셨다. 주 예수님은 미래의 일을 미리 말씀해 주심으로써 자신이 바로 모세에게 "스스로 있는 자"(출 3:14)라고 말씀하셨고, 이사야 선지자를 통해 "나 여호와라 처음에도 나요 나중 있을 자에게도 내가 곧 그니라"(사 41:4; 또한 43:10, 13, 48:12 참조)라고 말씀하셨던 분과 동일한 여호와이심을 드러내셨다.

• Thomas R. Schreiner and Bruce A. Ware, *Still Sovereign: Contemporary*

Perspectives on Election, Foreknowl-edge and Grace (Grand Rapids: Baker, 2000); Sam Storms, *Chosen for Life: The Case for Divine Election* (Wheaton, Ill.: Crossway Books, 2007)도 보라.

20

하나님은 지혜로우시다

묵상 본문

깊도다 하나님의 지혜와 지식의 풍성함이여, 그의 판단은 헤아리지 못할 것이며 그의 길은 찾지 못할 것이로다 누가 주의 마음을 알았느냐 누가 그의 모사가 되었느냐 누가 주께 먼저 드려서 갚으심을 받겠느냐 이는 만물이 주에게서 나오고 주로 말미암고 주에게로 돌아감이라 그에게 영광이 세세에 있을지어다 아멘

—로마서 11:33-36

기도

은혜로우신 하나님, 저는 은연 중에 제 자신이 하나님보다 아는 게 더 많다고 생각하는 오류를 자주 범합니다. 저는 제 자신과 남들에게 가장 좋은 길이 무엇인지 아는 양, 제 견해가 항상 옳다고 생각합니다. 주님, 이런 저의 자만심을 꺾어주사 주님의 무한하신 지혜와 전지전능하심을 깨달을 수 있게 하여 주소서. 주님은 무엇이 선하고 참되며 옳은 것인지 아시니 제 발걸음을 인도하여 주소서. 제 자신의

명철을 의지하지 않고 주님의 지혜와 인도하심만을 끊임없이 바라볼 수 있게 하소서. 지혜로우신 왕이신 예수 그리스도의 이름으로 기도합니다. 아멘.

성경적 관점

성경적인 지혜는 올바르게 드러낸 올바른 지식을 뜻한다. 하나님이 지혜로우시다는 것은 하나님이 그분의 말씀과 창조와 섭리와 구속 안에서 그분의 완전한 지식을 완전하게 드러내신다는 의미이다. 지혜는 지식을 의로움과 결합시킨다. 따라서 지혜는 본질적으로 선하고 참되며 고귀하다는 측면에서 도덕적 요소를 갖고 있다고 할 수 있다.

지혜는 단순한 지식과는 다르다. 사람이 어떤 것에 대한 지식은 굉장히 많으면서도 지혜는 부족할 수 있다. 예를 들어 당신이 미적분학이나 개구리의 생물학적 특성에 관해 속속들이 다 알 수는 있어도, 그렇다고 해서 그것이 당신이 그러한 지식을 일상의 삶 속에서 올바르게 사용할 줄 안다는 의미는 아니다. 인간의 지혜는 하나님을 경외하는 가운데 하나님과 이웃을 사랑함으로써 올바른 지식을 올바르게 드러내는 것이다.

하나님을 지혜롭다 송축하는 것은 근본적으로 그분의 지식과 능력과 선하심을 신뢰하는 것이다. 우리가 하나님의 지혜가 완전하다고 말할 때 그 말은 하나님이 그분의 무한한 지식에 따라 언제나 가장 좋은 관점과 가장 좋은 길로 행하심으로써 그분의 영광을 나타내신다는 것을 의미한다. 그분은 전지하고 전능하며 선하시기 때문에 우리는 우리의 삶에 대한 그분의 계획을 신뢰한다. 이와 관련하여 잠언 3장 5-6절에서는 "너는 마음을 다하여 여호와를 신뢰하고 네 명철을 의지하지 말라 너는 범사에 그를 인정하라 그리하면 네 길을 지도하시리라"라고 말한다.

구약 성경의 지혜서로는 욥기, 시편, 잠언, 전도서, 아가서가 있다. 이 책들은 두 가지 서로 다른 삶의 양식을 분명하게 규정하고 있다. 하나는 지혜로운 사람의 길이고, 하나는 어리석은 자의 길이다. 지혜로운 사람은 늘 주님을 경외하는 마음을 유지하며 범사에 그분을 인정한다. 반면에 어리석은 자는 하나님의 성품을 멀리하며, 하나님을 떠나 독립적으로 살고자 한다(에덴동산에서 아담과 하와가 그랬었다).

잠언 9장 10절에서는 "여호와를 경외하는 것이 지혜의 근본이요 거룩하신 자를 아는 것이 명철이니라"라고 말한다. 하나님을 경외하는 것은 그분의 거룩하심과 영광, 능력과 권세를 앎으로써 그분 앞에서 두렵고 떨리는 마음을 갖는 것이다. 하나님에 대한 경외심이 마음속에 올바로 자리하면 교만이 사라지게 된다. 하나님을 경외하는 것이 지혜의 근본(beginning)이다. 즉 하나님을 경외하는 것은 지혜의 시작점이고 기초이다. 참된 지혜는 삶의 모든 영역에서 하나님 중심적인 길을 취한다. 학교에서 직장까지, 가족에서 친구들에 이르기까지, 지혜는 하나님을 올바로 알고 두려워하는 데서 시작해야 한다.

우리가 하나님의 말씀 안에서 그분의 생각을 발견하고 거기에 우리의 생각을 일치시키면 우리는 더욱더 경건한 지혜를 사용하고 나타낼 수 있게 된다. 지혜는 바로 하나님에게서 나오기 때문이다. 야고보서서는 "너희 중에 누구든지 지혜가 부족하거든 모든 사람에게 후히 주시고 꾸짖지 아니하시는 하나님께 구하라 그리하면 주시리라"(약 1:5)라고 말한다. 사람이 특별히 어떤 고난 중에 있을 때는 시야가 좁아지기 십상이다. 하지만 경건한 지혜자는 하루하루의 힘겨운 싸움을 하늘의 관점에서 보고, 마음을 들어 올려 지혜와 능력과 선하심이 무한한 하나님을 신뢰한다.

덧붙여 바울은 하나님께는 "각종"(엡 3:10) 지혜가 있다고 말한다. 여기서 흥미로운 것은 구약 성경의 그리스어 번역본[1]에 따르면 요셉의 채색옷(창 37:3)(우리말 성경에서는 "각종"과 "채색옷" 사이에 언어적 유사성이 전혀 드러나지 않아 선뜻 이해하기 어려운 부분이 있다. 그러나 대부분의 영어 성경에서는 이 채색옷을 "a coat/robe/tunic of many colours"라고 쓰고 있고, 따라서 "각종"을 뜻하는 영어 표현인 "manifold"와 언어적 유사성이 표면적으로 잘 드러나고 있다.—번역주)을 표현하기 위해 사용한 단어가 에베소서 3장 10장에서 하나님의 "각종" 지혜에 대해 사용한 단어와 동일하다는 점이다. 다시 말해서 하나님의 지혜는 그분의 신비와 선하심, 그리고 은혜와 진리가 함께 아름답게 수놓아진 채색 융단과도 같은 것이다.

또 한 가지 주목해야 할 것은 경건한 지혜와 세상의 지혜는 서로

1 70인역으로 불리는 성경 역본으로서 BC 132년에 완성된 히브리 성경의 그리스어 번역본이다.

반대되는 경우가 자주 있다는 점이다. 고린도전서 1장 21절에서 바울은 "하나님의 지혜에 있어서는 이 세상이 자기 지혜로 하나님을 알지 못하므로 하나님께서 전도의 미련한 것으로 믿는 자들을 구원하시기를 기뻐하셨도다"라고 말한다. 세상의 지혜로는 하나님을 "찾을" 수 없다. 사람은 세상의 지혜로 자신을 구원할 수 없다. 구원은 오직 은혜를 통해서만 가능한 것이기 때문이다. 세상의 눈에는 복음이 미련한 것이다. 우리는 죽음으로써 살아나고, 줌으로써 얻는다. 예수님은 황금이 아닌 가시로 만든 관을 쓰셨다.

마지막으로 하나님의 지혜는 예수 그리스도 안에서 온전히 나타난다(고전 1:24). 하나님은 예수님을 우리의 지혜가 되게 하셨다. 이에 대해 바울은 "너희는 하나님으로부터 나서 그리스도 예수 안에 있고 예수는 하나님으로부터 나와서 우리에게 지혜와 의로움과 거룩함과 구원함이 되셨으니"(고전 1:30)라고 설명한다. 그리스도를 믿음으로 그분이 우리의 지혜가 되시고, 그리하여 이제 우리는 하나님을 우리의 아버지로, 그분의 아들 예수님을 우리의 구원자와 주님으로 알 수 있는 능력과 자유를 얻는다.

생각해볼 질문

1. 로마서에서 바울은 복음의 메시지를 전하면서, 우리는 오직 그리스도께서 이루신 일을 믿음으로써만 구원을 얻으며, 이는 하

나님의 영광스러운 은혜라고 말한다. 특히 본 장의 묵상 본문인 로마서 11장 33-36절 말씀에서 바울은 찬송을 쏟아내고 있다. 신학에서 송영이 뿜어져 나오는 것이다. 하나님의 지혜를 묵상하는 것이 어떻게 당신의 마음에 하나님을 향한 찬송을 일으키는가?

2. 로마서 11장 33-36절의 문맥에서 하나님의 판단은 "헤아리지 못할 것"이라는 말을 통해 바울이 전하고자 하는 바는 무엇이라고 생각하는가?

3. 당신이 아는 사람들 중에 "지혜롭다"고 여길 만한 사람이 있는가? 그 사람이 지혜롭다고 생각하는 이유는 무엇인가? 그 사람의 그러한 특징 속에는 어떻게 하나님의 지혜가 나타나는가?

4. 로마서 11장 36절에서는 "이는 만물이 주에게서 나오고 주로 말미암고 주에게로 돌아감이라"라고 말한다. 이러한 진리는 하나님의 지혜와 어떻게 관련되는가?

5. 시편 90편 12절에서 모세는 "우리에게 우리 날 계수함을 가르치사 지혜로운 마음을 얻게 하소서"라고 기도한다. 하나님의 말씀을 연구함으로써 우리는 어떻게 우리의 삶을 영원의 관점에서 보는 법을 배워 "지혜로운 마음"을 얻게 되는가?

6. 조만간에 중요한 결정을 내려야 할 것이 있는가? 그와 관련하여 당신에게 지혜가 필요한가? 잠시 시간을 내어 하나님께 올바른 결정을 할 수 있는 지혜를 허락해 달라고 기도해보라.

더 깊은 탐구

- 하나님의 지혜에 관한 또 다른 성경 본문으로 열왕기상 4:29; 시편 111:10; 잠언 1:7; 9:10; 다니엘 2:20; 고린도전서 1:18-31; 에베소서 3:10; 야고보서 1:5; 3:17 등이 있다.

- 성경에서 "지혜"라고 번역된 단어(히브리어 호크마(חָכְמָה), 헬라어 소피아(σοφία))에는 숙련된 공예 예술과 같이 실천적인 솜씨(skill)라는 의미가 담겨 있다(출 28:3; 31:3-6; 35:31-35; 왕상 7:14; 대상 28:21). 하나님은 세상을 창조하실 때 그분의 솜씨를 보여주셨다. 시편 기자는 "여호와여 주께서 하신 일이 어찌 그리 많은지요 주께서 지혜로 그들을 다 지으셨으니 주께서 지으신 것들이 땅에 가득하니이다"(시 104:24; 136:5 참조)라고 말했다. 하나님이 지혜로 우주에 터를 놓으시고 그것을 견고히 세워서(잠 3:19) 지혜로운 사람들이 그것을 탐구할 수 있게 하셨고(왕상 4:29-34), 온 우주에 세우신 천지의 법칙을 의지할 수 있게 하셨다(렘 33:20, 25 참조). 또한 하나님은 그분의 지혜로 태양과 지구가 가장 적당한

거리를 유지하게 하셨다. 만약 그 둘이 조금만 더 가까웠다면 우리는 모두 타 죽었을 것이고, 조금만 더 멀었다면 우리는 모두 얼어 죽었을 것이다.[2] 창조주의 무한한 지혜는 세상이 숭배하는 거짓 신들이 결코 흉내 낼 수 없는 것이다(렘 10:11-12).

• Warren W. Wiersbe, *Be Wise: Discern the Difference Between Man's Knowledge and God's Wisdom* (Colorado Springs, Colo.: David Cook, 2010); J. I. Packer, *Knowing God* (Downers Grove, Ill.: InterVarsity Press, 1993)도 보라.

2 Watson, *A Body of Divinity*, 72.

21

하나님은 주권자이시다

묵상 본문

야곱의 집이여 이스라엘 집에 남은 모든 자여 내게 들을지어다 배에서 태어남으로부터 내게 안겼고 태에서 남으로부터 내게 업힌 너희여 너희가 노년에 이르기까지 내가 그리하겠고 백발이 되기까지 내가 너희를 품을 것이라 내가 지었은즉 내가 업을 것이요 내가 품고 구하여 내리라 너희가 나를 누구에게 비기며 누구와 짝하며 누구와 비교하여 서로 같다 하겠느냐…너희 패역한 자들아 이 일을 기억하고 장부가 되라 이 일을 마음에 두라 너희는 옛적 일을 기억하라 나는 하나님이라 나 외에 다른 이가 없느니라 나는 하나님이라 나 같은 이가 없느니라 내가 시초부터 종말을 알리며 아직 이루지 아니한 일을 옛적부터 보이고 이르기를 나의 뜻이 설 것이니 내가 나의 모든 기뻐하는 것을 이루리라 하였노라 내가 동쪽에서 사나운 날짐승을 부르며 먼 나라에서 나의 뜻을 이룰 사람을 부를 것이라 내가 말하였은즉 반드시 이룰 것이요 계획하였은즉 반드시 시행하리라

—이사야 46:3-5, 8-11

기도

왕 중의 왕이시며, 온 우주의 주권자이신 삼위 하나님이시여, 주님의 절대적인 통치와 권력이 미치지 않는 것이 없습니다. 주님께서 능력의 말씀으로 온 우주를 붙들고 계시며, 그 어떤 것도 주님의 계획을 거스를 수 없사오니 이에 주님을 찬송합니다. 이제 주님의 주권을 묵상하고자 하오니 저의 마음을 부드럽게 하여 주시고 주님의 성품을 깨닫게 하여 주시사, 제 삶에 대한 주님의 계획을 보다 온전히 신뢰하고 주님 안에서 참된 기쁨을 얻게 하여 주소서. 예수 그리스도의 강력한 이름으로 기도드립니다. 아멘.

성경적 관점

하나님이 주권자시라는 것은 그분께 만물에 대한 절대적인 통치권이 있다는 의미이다. 미세한 분자나 맹렬한 토네이도, 혹은 세상에서 가장 지혜로운 생각조차도 그분의 통치를 벗어나 있는 것은 없다. 하나님은 기뻐하시는 바를 이루시며 그 무엇도 그분의 거룩한 계획을 방해할 수 없다. 에덴 동산에서 아담이 타락한 일(창세기 2장)로부터 그리스도께서 십자가 위에서 죽으신 일(행 2:23), 그리고 최후의 심판 때 그리스도께서 다시 오시는 일(살전 4:15-17)에 이르기까지 세상의 모든 일과 사건은 다 하나님의 주권적인 손 아래에서 일어난다.

실천적으로 말하자면, 하나님의 주권은 그분의 영원한 작정과 매일매일의 섭리 가운데서 나타난다. 영원한 작정에는 그분의 사랑으로 말미암은 선택, 곧 세상의 기초가 놓이기 전부터 자기 백성을 예정해 놓으신 일이 포함되어 있다(엡 1:4-6; 롬 8:29). 다시 말해서 하나님은 시간이 있기 전에 이미 은혜 가운데 한 백성을 택하시어 자기의 백성이 되게 하셨고, 또한 그들을 사랑하시고, 소중히 여기셨다(살전 1:4). 또한 성경에 나오는 모든 약속들의 성취도 하나님의 작정에 의해 보장된다. 만약 하나님께 온전한 통치권이 없다면 그분은 아무것도 약속하실 수 없을 것이다. 사실 무언가가 그분의 약속을 훼방할 수 있다는 사실만으로도 우리는 결코 그분을 신뢰할 수 없을 것이다. 하지만 그 무엇도 하나님의 능력의 통치를 벗어날 수 없다.

또한 우리는 하나님의 섭리에서 그분의 주권이 드러나는 것을 볼 수 있다. 웨스트민스터 소요리문답(제11문)의 설명에 따르면 하나님의 섭리는 "모든 피조물과 그들의 모든 행동을 보존하고 다스리시는 하나님의 지극히 거룩하고 지혜롭고 강력한 행위"이다. 잠언 16장 33절에서는 "제비는 사람이 뽑으나 모든 일을 작정하기는 여호와께 있느니라"라고 말한다. 하나님의 주권이 현실 세계에 이루어지는 것을 섭리라고 부른다. 태양에서 빛이 비치는 것처럼 하나님의 주권에서 섭리가 흘러나온다. 이처럼 이 둘은 밀접하게 관련되어 있다.

언뜻 들으면 하나님의 주권이라는 속성은 우리를 자기 방어적으로 위축시킬 것 같다. "하나님이 정말로 그렇게 강력하고 커다란 통치권을 휘두르신다면 나는 그저 아무것도 선택할 수 없고 아무런 자유도 없는 로봇에 불과한 것 아닌가?"라는 질문을 제기할 수도 있겠다. 하지만 패커는 "천사와 사람 같이 하나님이 이성을 부여하신 피조물에게는 자유로운 결정권(무엇을 할 것인지를 스스로 결정할 수 있는 능력)이 있다. 이 사실은 성경 전체에서 명확하게 드러난다."라고 말한다.[1] 다시 말해서, 하나님이 만물 위에 절대적인 주권을 갖고 계시지만, 동시에 우리에게도 일정한 능력과 선택권이 있다는 것이다. 즉 하나님께는 주권이, 사람에게는 책임이 있다.

불신자들은 자유로운 도덕적 선택을 할 능력이 없다. 그리스도 안에서 구원을 얻기 전에는 모든 인류가 죄 안에서 죽어 있으며(엡 2:1), 하나님이 먼저 은혜를 베풀지 않으시면 스스로 하나님을 찾는 일은 불가능하다(요 3:3; 6:4; 롬 8:7). 하지만 일단 하나님의 은혜가 죄인의 마음을 파고들면 그는 새로운 마음을 얻고(겔 36:26), 비로소 믿음과 사랑과 자유 가운데 응답하게 된다. 하나님께는 주권이, 사람에게는 책임이 있는 것이다. 그리고 "사람이 마음으로 자기의 길을 계획할지라도 그의 걸음을 인도하시는 이는 여호와시니라"(잠 16:9)라는 말씀과 같이 그 둘은 신비로운 조화를 이루게 된다.

이 짧은 묵상의 글에서 하나님의 주권과 인간의 고난의 관계에 대해 속속들이 다룰 수는 없지만, 하나님이 만물을 다스리시며 인간의 고난도 예외가 아니라는 점만 말해 두어도 충분할 것이다. 하나님이 고난을 허락하시는 데에는 여러 가지 이유가 있을 수 있다.

---

1 J. I. Packer, *Concise Theology: A Guide to Historic Christian Beliefs* (Carol Stream, Ill.: Tyndale House Publishers, 1993), 33.

그리스도의 고난에 참여하게 하시는 것(빌 3:10), 하나님께 영광을 돌리는 것(요 21:19), 이 땅의 삶에서 얻는 덧없는 기쁨보다는 모든 만족의 주인이신 하나님 안에서 깊은 만족을 누리게 하는 것(시 73:25-26) 등도 이유가 될 수 있다. 그러나 그 이유가 무엇이 되었든 간에 우리가 반드시 기억해야 할 것은 우리는 천국의 본향을 향해 나아가는 순례자들이라는 사실이다.

심지어 하나님이 독생자를 죽음에 내어 주신 일까지 "원래의 계획"이었다. 사도행전 2장의 오순절 설교에서 베드로는 담대히 선포한다. "그가 하나님이 정하신 뜻과 미리 아신 대로 내준 바 되었거늘 너희가 법 없는 자들의 손을 빌려 못 박아 죽였으나"(23절). 이사야도 고난받으실 그리스도를 미리 내다 보고 "여호와께서 그에게 상함을 받게 하시기를 원하사"(사 53:10)라고 기록하였다. 하나님의 아들께서 당신을 위하여 짓밟히셨다. 아들께서 당신을 대신하여 버림받으셨다. 아들께서 당신이 지옥에 떨어지지 않게 하려고 친히 지옥을 경험하셨다. "그가 채찍에 맞으므로 우리는 나음을 받았도다"(5절).

예수 그리스도께서 당신의 구원자와 주님이시면 하나님이 섭리와 사랑으로 돌보시겠다는 약속이 당신의 것이다. "우리가 알거니와 하나님을 사랑하는 자 곧 그의 뜻대로 부르심을 입은 자들에게는 모든 것이 합력하여 선을 이루느니라"(롬 8:28). 하나님의 주권은 당신의 영혼에 커다란 위로의 원천이 될 것이다. 당신을 붙드시는 그분의 사랑은 피조 세계의 그 어떤 것과도 같지 않다. 그분의 확고하신 사랑은 당신을 절대로 놓지 않으신다(롬 8:39). 어디 그것뿐인

가. 그 무엇도 당신의 구주의 손에서 당신을 빼앗아 갈 수 없다(요 10:28)!

생각해볼 질문

1. 이사야 46장 3-5절에서 하나님은 자기 백성이 백발이 될 때까지 업으실 것이라고 말씀하신다. 이 말씀에서 하나님은 백성들에게 무엇을 알리시는 것인가? 이것은 당신의 인생관에 어떤 영향을 미치는가?

2. 이번 장의 본문에서 하나님은 '들으라'(3절), '기억하라'(8-9절), '다시 생각하라'(8절)는 말씀을 하신다. 잠시 시간을 내어 당신의 삶 속에서 하나님이 하신 일을 다시 생각해보라. 태어나서 지금까지 하나님이 어떻게 당신을 보존해 오셨고 어떻게 은혜 가운데 당신을 이끌어 오셨는지를 생각해보라. 이러한 것들을 생각하는 것이 어려운 일로 여겨지는 이유는 무엇인가?

3. 묵상 본문의 4절 말씀에서 당신은 어떤 약속을 발견하는가? "너희가 노년에 이르기까지 내가 그리하겠고 백발이 되기까지 내가 너희를 품을 것이라 내가 지었은즉 내가 업을 것이요 내가 품고 구하여 내리라"

4. 묵상 본문의 9절에서 하나님은 "나는 하나님이라 나 외에 다른 이가 없느니라"라고 말씀하신다. 지금 당신의 삶 속에서 살아 계신 참 하나님을 예배하는 것을 가로막고 있는 다른 "신들"이나 우상은 없는가? (주의 : 당신은 잃고 싶지 않은 어떤 것들을 두려움 가운데 숭배하고 있을 수 있다. 예컨대 명성이나 삶의 안정, 돈, 혹은 사람들 같은 것이 우상이 될 수 있다.)

5. 묵상 본문의 10절에서 하나님은 "시초부터 종말을 알리며 아직 이루지 아니한 일을 옛적부터 보인다"고 선언하신다. 현재 당신이 어떤 상황 가운데 처해 있든 이 진리의 말씀이 당신의 영혼에 위로를 줄 수 있는가?

6. 만약 하나님께 완전한 통치권이 없으시다면 당신은 그분이 약속을 지키시리라는 것을 믿을 수 있는가? 그렇다면 왜 그런지, 그렇지 않다면 왜 그렇지 않은지 말해보라.

7. 예수님은 잡히시기 전에 임박한 고난에 대해 "내 원대로 마시옵고 아버지의 원대로 되기를 원하나이다"(눅 22:42)라고 기도하셨다. 이를 통해 우리는 어떻게 기도해야 함을 알 수 있는가?

더 깊은 탐구

- 하나님의 주권에 관한 또 다른 성경 본문으로는 창세기 12:1-3; 50:20; 출애굽기 15:18; 시편 33; 47; 93; 97; 115:3; 잠언 16; 이사야 24:33; 다니엘 4:34; 마태복음 10:29-31; 사도행전 13:26-39; 에베소서 1:10; 요한계시록 1:4-8 등이 있다.

- 시간을 내어 빌립보서 2장 12-13절 말씀을 묵상해보라. 거기서 바울은 빌립보 교회 성도들에게 "두렵고 떨림으로 너희 구원을 이루라 너희 안에서 행하시는 이는 하나님이시니 자기의 기쁘신 뜻을 위하여 너희에게 소원을 두고 행하게 하시나니"라고 권면한다. 하나님은 사람에게 일정한 책임과 함께 명령을 주시지만, 그분의 기쁘신 뜻을 위하여 우리 안에서 행하시는 주권은 여전히 하나님께 있다.

- A. W. Pink, *The Sovereignty of God* (Edinburgh: Banner of Truth, 2009)도 보라.

22

하나님은 전능하시다

묵상 본문

슬프도소이다 주 여호와여 주께서 큰 능력과 펴신 팔로 천지를 지으셨사오니 주에게는 할 수 없는 일이 없으시니이다

—예레미야 32:17

기도

우리 주 하나님, 저는 주께서 주님의 크신 능력으로 하늘과 땅을 지으신 것을 믿습니다. 또한 주께서 지으신 모든 것을 유지하시며 모든 뜻을 정하여 이루심을 믿습니다. 주님께는 이루지 못할 일이 없습니다. 제 마음이 이런저런 불안과 근심으로 자주 방황하오니, 주님의 한량없는 능력을 경험하게 하시어 주님 앞에 순복하며 평안을 누리게 하여 주소서. 주님은 그리스도 예수의 십자가를 통하여 악인을 의롭게 하시면서도 하나님의 의가 유지되는 이 불가능한 일을 이루셨사오니, 주님의 백성이 일상의 삶 속에서 겪는 그 모든 소소한 일들은 능히 이루시고도 남을 줄 믿습니다. 우리의 구주 되신 분의 강하

고 영광스러운 이름으로 기도합니다. 아멘.

성경적 관점

바벨론 군대가 예루살렘을 멸망시키기 위해 준비하고 있을 때 예레미야 선지자는 "슬프도소이다 주 여호와여 주께서 큰 능력과 펴신 팔로 천지를 지으셨사오니 주에게는 할 수 없는 일이 없으시니이다"(렘 32:17)라고 기도했다. 예레미야는 하나님의 한량없는 능력에 호소한 것이다.

우리는 하나님의 무한하신 능력을 그분의 전능하심(omnipotence, 라틴어 *omni*는 '모든'을, *potentia*는 '능력'을 뜻함)이라고 부른다. 제임스 어셔(James Ussher)는 하나님의 전능하심을 다음과 같이 정리하여 제시한다.

- 첫째, 하나님은 그분이 하시고자 하는 것, 혹은 그분의 본성에 반하지 않는 것은 무엇이든지 행하실 수 있다.
- 둘째, 하나님은 모든 일을 힘들이지 않고, 가장 쉽게 하실 수 있다.
- 셋째, 하나님은 그 모든 일을 특정한 수단을 사용하여 하실 수도 있고, 사용하지 않고 하실 수도 있으며, 수단을 거슬러 행하실 수도 있다.
- 넷째, 하나님의 뜻을 거스를 수 있는 권세는 없다.
- 다섯째, 모든 능력이 오직 하나님께만 있으므로 그 어떤 피조

물도 하나님으로부터 계속해서 능력을 공급받지 않고서는 어떠한 일도 스스로 해낼 수 없다.[1]

하나님은 그분의 권위 있는 말씀으로 그분의 모든 뜻을 시행할 수 있는 무한한 능력이 있으시다. 하나님은 창조시에 그러한 능력을 보여주셨다. 하나님이 "있으라"고 말씀하시자 온 세상이 존재하게 되었고, 그 안에 질서가 생겨나게 되었다(창 1:3 등). 장엄한 하늘은 그분의 능력을 보여주는 '단편'에 불과할 뿐이다. "그의 큰 능력의 우렛소리를 누가 능히 헤아리랴"(욥 26:14).

하나님의 능력은 예수님 안에서 구체적으로 드러났다. 예수님은 자기 백성을 구원하기 위해 인간의 연약함 속에 감추어진 "여호와의 팔"이시다(사 52:10; 53:1-2). 그리스도께서는 하나님의 거룩하신 아들이시며 하나님은 "그로 말미암아 모든 세계를 지으셨다." 또한 그리스도는 "그의 능력의 말씀으로 만물을 붙드신다"(히 1:2-3).

골고다 언덕에서 유대인들이 요구했던 기적은 일어나지 않았다. 하지만 "십자가에 못 박힌 그리스도" 안에는 "하나님의 능력이신 그리스도"와 "하나님의 지혜"가 결합되어 있다(고전 1:23-24). 이는 그리스도께서 십자가의 수치와 고통을 통해 죄와 사탄을 이기셨기 때문이다(롬 6:1-7; 골 2:14-15). 비록 하나님의 아들께서 인간의 연약함을 입고 십자가에 달리셨지만, 그분은 "하나님의 능력"으로 죽

---

1 Ussher, *A Body of Divinity*, 2nd head (39).

은 자들 가운데서 부활하여(고후 13:4) 성령의 능력으로 살아 계시며(롬 1:4; 8:11), 지금 자기 백성이 믿음으로 살아가도록 힘을 불어넣어 주고 계신다(엡 1:19-22).

이제 주 예수님은 하나님이 택하신 사람들에게 영생을 주시기 위하여 만민의 중보자로서 그분의 능력을 사용하신다(요 17:2). 하나님이 한 사람을 거듭나게 하시어 그에게 회심이 일어날 때마다 성령님으로 말미암아 죽은 자가 살아난다(엡 2:5). 죄인의 구원은 새 창조의 일이다(고후 4:6; 5:17). 사실 그것은 첫 창조보다 훨씬 더 큰 일이다. 그것을 이루기 위해서는 죄와 사탄의 저항을 이겨내야만 하기 때문이다.[2]

제자들이 누가 구원을 받을 수 있는지 묻자 예수님은 "사람으로는 할 수 없으되 하나님으로는 그렇지 아니하니 하나님으로서는 다 하실 수 있느니라"(막 10:27)라고 대답하셨다. 믿는 자들은 불 시험 가운데서 "하나님의 능력으로 보호하심을 받"고(벧전 1:5), 속사람이 강건하게 되어 그리스도의 사랑을 알게 되며(엡 3:16-19), 큰 연약함 가운데서도 그분을 섬길 수 있는 능력을 받는다(고후 12:9).

그리스도 안에 있는 하나님의 능력은 "인자가 구름을 타고 큰 권능과 영광으로 오는 것을 사람들이 보"(막 13:26)게 될 때 공공연하게 드러날 것이다. 그때 그리스도께서는 "그의 힘의 영광"(살후 1:9)을 나타내시고 악인들은 영원한 형벌을 받을 것이다. 그리고 죽은 자

2 Watson, *A Body of Divinity*, 78.

가운데서 예수님을 다시 살리신 하나님의 능력이 역사하여 성도들을 다시 살리고 영화롭게 하실 것이다(고전 6:14; 빌 3:20-21). 하나님이 천지창조를 통해 그분의 능력을 나타내셨던 것처럼, 새 하늘과 새 땅을 창조하실 때 다시 한 번 그 능력을 드러내실 것이다(사 65:17; 계 21:1).

하나님의 능력에 관한 교리는 성경의 이 끝에서 저 끝까지 가득 차 있다. 따라서 우리는 이 교리에 대한 적용을 성경의 구절 수만큼이나 수없이 많이 할 수 있다.

첫째, **주권자 하나님 앞에서 우리는 그분의 약속을 신뢰해야 한다.**[3] 육신의 눈으로 볼 때 하나님은 그분의 약속과 반대되는 일을 하시는 것처럼 보이기도 한다. 하지만 믿음의 눈으로 볼 때 우리는 전능하신 하나님을 본다. 하나님은 늙은 아브라함과 폐경을 맞은 사라에게 아들을 주겠다고 약속하셨다. 이는 말이 안 되는 얘기처럼 들리겠지만, 주님은 부드러운 음성으로 그들에게 이렇게 말씀하셨다. "여호와께 능하지 못한 일이 있겠느냐"(창 18:14). 당신에게 어떤 위험이 닥치더라도 하나님은 당신을 지키실 수 있다는 것을 믿으라. 그러한 믿음은 성화의 진전을 위해 필수적이다. 토머스 왓슨은 "강하신 하나님은 당신의 완고한 부패를 정복하실 수 있다. 당신은 죄를 이기는 것이 너무나 힘들지라도 그분은 그렇지 않다"라고 말했다.[4] 왜냐하면 하나님은 그리스도의 보혈로 죄를 용서하시고, 그리

---

3 Ussher, *A Body of Divinity*, 2nd head (42).

스도의 능력으로 죄를 무찌르시기 때문이다.

둘째, **주권자 하나님 앞에서 우리는 거룩한 경외심을 가져야 한다.**[5] 군대의 힘을 좌지우지할 수 있는 권세를 가진 사람이 있다면 우리는 당연히 그에게 두려움을 느낄 것이다. 그렇다면 우리는 오직 말씀으로 하늘의 별과 행성들을 창조하신 분을(시 33:8-9) 더욱 경외해야 한다. 그런데 그런 하나님이 사람에게 진노하신다는(시 90:10) 것이 무엇을 의미하는지 생각해보는 사람이 별로 없다. 우리는 "그러면 우리가 주를 노여워하시게 하겠느냐 우리가 주보다 강한 자냐"(고전 10:22)라는 말씀을 기억하고, 하나님을 노엽게 하는 일을 혐오해야 하겠다.[6] 그러면 하나님의 무한하신 능력의 원천이 그분을 경외하는 자들과 함께하며 그들을 떠나지 않을 것이다. 우리는 참으로 어린아이와 같이 우리의 하늘 아버지를 신뢰하는 마음으로 하나님을 경외해야 한다.

셋째, **주권자이신 하나님 앞에서 우리는 슬픔 가운데 순복해야 한다.** 가족에게 나쁜 일이 일어났을 때 우리는 하나님의 은혜로 "이는 여호와이시니 선하신 대로 하실 것이니라"(삼상 3:18)라고 말할 수 있게 된다. 하나님께는 그분이 최선이라 여기시는 대로 우리에게 무엇이

---

4 Watson, *A Body of Divinity*, 81.

5 Watson, *A Body of Divinity*, 79.

6 Ezekiel Hopkins, *On Glorifying God in His Attributes*, in *The Works of the Right Reverend Father in God, Ezekiel Hopkins*, ed. Josiah Pratt (London: by C. Whittingham, for L. B. Seeley et al., 1809), 3:327.

든 하실 수 있는 권세와 능력이 있다. 창조주를 거스르며 살아가고 있는 자는 고난 중에 있을 때 하나님의 전능하심의 진리가 오히려 가혹하게 들릴 수도 있다. 하지만 성도는 이러한 진리를 통해 자신의 어리석은 불평을 회개하고 손으로 그 입을 가린 채 하나님의 헤아릴 수 없는 위엄 앞에 엎드릴 수 있다(욥 40:1-5; 42:1-6). 우리는 그분의 의로우심 가운데 선악 간에 작정하시는 하나님 앞에 엎드림으로써 그분의 긍휼과 신실하심 안에서 새 소망을 경험한다(애 3:21-29, 37-38).

넷째, **주권자이신 하나님 앞에서 우리는 담대하게 기도해야 한다.** 바울은 성도들의 영적 성장을 위해 기도하면서, 우리의 아버지께서 "우리가 구하거나 생각하는 모든 것에 더 넘치도록 능히 하실"(엡 3:20) 수 있다는 것을 상기시킨다.

생각해볼 질문

1. 인간의 능력을 보여주는 분야들을 생각해보라. 예컨대, 정치, 군사, 기술, 산업 등이 있을 것이다. 그저 인간의 능력에만 초점을 맞추면 우리는 어떠한 오류나 위험에 빠질 수 있는가?

2. 하나님의 창조, 아들을 통한 구속, 성령을 통한 성화, 그리고 새 창조에 이르기까지 이 모든 일을 이루시는 하나님의 능력에 대

해 생각해보라. 하나님의 전능하심을 믿을 때 우리는 삶의 여러 국면에서 어떤 도움을 얻게 되는가?

3. 마태복음 11장 20-21절 말씀을 생각해보라. 하나님이 자신의 능력을 나타내시는 일과 죄를 회개해야 하는 인간의 책임 사이에는 어떤 관계가 있는가? 하나님의 권능의 나타남은 당신의 회개에 어떠한 영향을 미쳤는가?

4. 고린도후서 12장 9절을 생각해보라. 그리스도의 능력은 어떻게 우리의 "연약함" 가운데서 온전해지는가?

5. 앞서 살펴본 하나님의 전능하심에 관한 적용점들 중에서 당신이 현재 처해 있는 상황과 가장 관련 있는 것은 무엇인가? 그 이유는 무엇인가?

더 깊은 탐구

- 하나님의 전능하심에 관한 또 다른 성경 본문으로는 출애굽기 9:16; 역대상 29:12; 욥기 42:2; 시편 33:6, 9; 54:1; 62:11; 106:8; 예레미야 10:6, 10; 16:21; 다니엘 2:20; 마태복음 11:5, 20-21, 23; 26:64; 마가복음 14:36, 62; 누가복음 1:37;

로마서 1:20; 4:21; 고린도전서 2:4-5; 에베소서 3:20-21; 요한계시록 15:3-4 등이 있다.

- 하나님의 능력은 그분의 다른 속성들과 밀접하게 관련되어 있다. 하나님의 다른 속성들은 그분의 전능하심 안에서 생명력 있게 발휘되기 때문이다. 차녹은 이렇게 말했다. "그분의 영원한 뜻은 그것을 실행할 만한 능력이 개입하지 않는다면 얼마나 헛된 것인가! 그분의 긍휼은 고난을 덜어줄 수 있는 능력이 없다면 그저 나약한 동정에 불과하다. 그분의 공의도 형벌을 내릴 능력이 없다면 그저 빛 좋은 개살구에 불과하다. 그분의 약속 또한 그것을 이룰 권능이 없다면 공허한 메아리에 지나지 않을 것이다."[7] 하나님의 전능하심은 그분의 여러 속성들 가운데 이미 내포되어 있는 것이다. 그분은 무한한 영이시며, 영원하시고, 자존하시며, 자충족하시고, 생명이 충만하신 분이시기 때문이다.

- Daniel L. *Migliore, The Power of God and the Gods of Power* (Louisville, Ky.: Westminster John Knox Press, 2008)도 보라.

---

7 Charnock, *The Existence and Attributes of God*, 2:15.

23

하나님은 선하시다

묵상 본문

모세가 이르되 원하건대 주의 영광을 내게 보이소서…여호와께서 그의 앞으로 지나시며 선포하시되 여호와라 여호와라 자비롭고 은혜롭고 노하기를 더디하고 인자와 진실이 많은 하나님이라 인자를 천대까지 베풀며 악과 과실과 죄를 용서하리라 그러나 벌을 면제하지는 아니하고 아버지의 악행을 자손 삼사 대까지 보응하리라

—출애굽기 33:18; 34:6-7

기도

은혜로우신 하나님, 하나님은 선하시며 선을 행하십니다. 하나님의 선하심은 참으로 경이로우며, 하나님은 제게서 선을 거두신 적이 결코 없습니다. 심지어 고난 중에도 하나님은 제 삶 속에 어떠한 실수도 하지 않으셨습니다. 저의 인생길 가운데 보내신 모든 시련도 주님의 선하심 가운데 허락하신 것이었으며, 주님의 영광과 저의 유익을 위한 것이었습니다. 이제 주님의 선하심을 묵상하고자 하오니 주님

의 섭리와 구속 가운데 나타난 그 선하심을 새롭게 깨닫고 경험하게 하소서. 주님의 자비와 은혜와 오래 참으심과 사랑을 깨달아, 제가 제 삶에서 다른 이들에게 그 선하심의 실제적인 열매를 맺게 하소서. 예수님의 이름으로 기도합니다. 아멘.

성경적 관점

하나님의 선하심(하나님의 "선하심"에 해당하는 히브리어 헤세드(חֶסֶד)는 이 장의 묵상 본문에서 "인자"로 번역되었고, 성경 곳곳에서 다양한 단어로 번역된다. 본서의 저자 역시 뒤에서 다양한 영어 번역에 관해 언급하고 있다.—역자주)에 관해 묵상하기 위해 우리는 하나님이 강력한 심판과 구원의 역사로 이스라엘 백성을 애굽에서 구원해 내신 직후에 있었던 시내 산에서의 일을 보고자 한다. 언약을 맺은지 며칠도 지나지 않아 이스라엘은 금송아지 앞에 예배를 드리는 우상숭배에 빠지고 말았고, 이에 하나님의 진노가 그 나라를 진멸하려고 하였다(출 32장). 이스라엘의 구속은 끔찍한 재앙으로 막을 내릴 것처럼 보였다. 그러나 이 사건은 하나님의 자비하심과 은혜를 보여주는 놀라운 계기가 되었다(출 33-34장). 우상숭배를 한 이스라엘을 위해 모세가 중보하며 "주의 영광을 내게 보이소서"라고 기도하자, 하나님은 자비롭고 은혜롭고 노하기를 더디 하시는(출 34:6) 그분의 속성들을 나열해 보이시면서 그 끝에 "인자하심"(출 33:18-19), 곧 선하심을 나타내셨다. 이제 이러한 속성들 가운데 하나님의 선하심이 다면적으로 나타나는 것을 살펴보도록 하자.

구약 성경에서 하나님의 자비하심은 어린 자식을 생각하는 어머니(또는 아버지)의 애끓는 마음을 표현한다(사 49:15 참조). 하나님이 자비하시다는 것은 우리의 연약함이나 어려움에 무관심하지 않고 우리에게 닥친 고통을 불쌍히 여겨 따뜻하게 반응하시는 것을 의미한다(시 116:3-5; 사 49:10). 마찬가지로 신약 성경에서도 하나님의 자비는 비참한 처지에 놓여 있는 우리에게 적극적으로 연민의 마음을 갖는 것을 뜻한다(마 15:22; 눅 16:24).

자비는 비참한 지경에 있는 사람에게 친절을 베푸는 데 그 강조점이 있는 반면, 은혜는 주어야 할 의무가 없음에도 거저 베푸는 관대함에 그 강조점이 있다.[1] 출애굽기 33장과 34장의 문맥 속에서 하나님의 은혜는 하나님이 아시고, 용서하시고, 특별한 임재를 허락하시는 사람들을 향한 그분의 호의이다(출 33:12-13, 16-17; 34:9). 바울의 서신 속에 나타나는 하나님의 은혜는 그리스도를 통해 죄인을 구원하고자 하시는 그분의 애정 어린 뜻과 적극적인 능력이다.[2] 이 은혜로 말미암아 택한 자들을 구원하시는 하나님의 주권적 자유가 세워진다. 이것은 사람의 행위를 통해 구원받는다는 '공로 구원' 사상에 정반대되는 것이다(롬 4:4-5; 11:5-6; 갈 2:15-21; 딛 3:3-7).

하나님의 인내는 출애굽기 34장 6절에서 "노하기를 더디"하시는

---

1 Turretin, *Institutes*, 3.20.7, 10 (1:242-43); Feinberg, *No One Like Him*, 359.

2 Herman Ridderbos, *Paul: An Outline of His Theology, trans*. John Richard de Witt (Grand Rapids: Eerdmans, 1975), 173.

것으로 묘사된다. 그분은 서둘러 보복하기보다는 평화와 용서를 추구하신다(민 14:18; 느 9:17). 하나님은 공의를 실현할 가장 적당한 때가 될 때까지 진노를 유보하신다(나 1:2-3). 즉 죄인이 더욱 악해지고, 하나님의 경고를 멸시하며, 그분의 선하심을 악용하고, 그분의 거룩하신 이름을 모독하고, 심지어 그분에게 잘못을 돌리기까지 하는 그 모든 시간 동안 하나님은 인내하며 기다리신다. 바울은 회개하지 않고 "그의 인자하심과 용납하심과 길이 참으심의 풍성함"을 계속해서 멸시하는 자들은 심판의 날에 임할 더 큰 진노를 자기 위에 쌓고 있는 것이라고 경고한다(롬 2:4-5).

하나님의 선하심과 인자하심은 그분의 사랑 안에 나타나 있다. 하나님은 자신을 "인자가 많은" 분이라고 말씀하셨다(출 34:6). 그곳에서 "인자"로 번역된 단어는 "사랑"으로 더 자주 번역된다. 하나님은 자기 아들을 보내어 악인을 위해 죽게 하심으로써 그분의 사랑(롬 5:6-10)과 의로우심(롬 3:25-26)을 확증하셨다. 그리스도께서는 하나님의 공의를 이루기 위해 친히 율법의 저주를 받으신 것이다(갈 3:10, 13). 하나님은 자기 아들을 사랑하심 같이(요 17:23) 신자들을 특별히 사랑하신다. 그리스도 안에서 하나님의 사랑은 변하지 않고, 언약적이며, 영원하다.

하나님의 선하심은 사람의 경건과 정의가 자라는 넓고 비옥한 밭이다. 그것은 하나님의 형상인 사람의 생사를 좌우하는 심장박동과도 같은 것이다. 우리가 세상에 존재하는 최고의 목적이 바로 하나님의 선하심을 알고 동시에 그것을 알리는 것이다. 그러므로 이에는 당신의 반응이 요구된다.

첫째, **하나님이 선하시다는 절대적인 확신을 가지라.** 그분을 신뢰하라. 그리고 이처럼 선하신 하나님을 신뢰하는 자에게 그분이 복을 주신다는 사실을 믿으라(시 34:8). 하나님의 사랑에 대한 최고의 모범이시며 사랑으로 말미암아 당신을 구원하실 유일한 중보자이신 그리스도를 신뢰하라(요일 4:9-10).

둘째, **그리스도에 근거하여 하나님의 선하심에 대한 확신을 가지라.** 십자가를 바라보라. 그리고 그것을 하나님이 당신을 사랑하신다는 확고부동한 증거로 삼으라. 하나님의 섭리로 인해 고난을 겪을 때 그리스도의 손과 옆구리를 보고 그분의 사랑이 어떻게 나타났는지를 기억하라. 십자가 그늘 아래에 머물라. 하나님이 모든 좋은 것을 우리에게 주실 것이며, 모든 것이 합력하여 우리에게 선을 이루게 될 것이라고 확신하면서 고난 중의 슬픔을 참고 인내하라(롬 8:28, 31-32).[3]

셋째, **하나님의 선하심으로 인해 그분을 사랑하라**(눅 7:47; 요일 4:19). 하나님의 선하심은 그분의 사랑스러우심을 드러낸다. "그의 형통함과 그의 아름다움이 어찌 그리 큰지"(슥 9:17).[4] (본 절의 "형통함"은 히브리어 투브(טוּב)에 대한 번역인데, 영어 성경에서는 이것을 주로 "goodness"로 번역하고 있다. 따라서 저자도 스가랴서의 본 절을 하나님의 "선하심"과 관련된 내용으로 인용하고

---

3 Charnock, *The Existence and Attributes of God*, 2:350.

4 Charnock, *The Existence and Attributes of God*, 2:330.

있다.—역자주) 이에 대해 위트시우스는 하나님의 사랑으로 말미암아 "그분을 향한 우리의 사랑에도 놀라운 불꽃이 피어오른다"라고 말했다.[5]

넷째, **하나님이 주시는 선한 선물을 감사와 거룩함으로 받으라**(딤전 4:3-5). 만약 당신이 그분이 주시는 선물을 받고도 그분께 영광을 돌리지 않는다면 하나님은 그것을 도로 가져가실 수도 있다(호 2:8-9). 하나님이 당신을 마음의 어두움과 부패함에 내버려 두사(롬 1:21) 마지막 날에 진노의 심판을 내리시지(롬 2:4-5) 않도록, 배은망덕하고 불평하고 경멸하는 태도로 하나님의 선하심을 남용하지 않도록 두려워해야 한다.[6]

다섯째, **하나님을 당신의 최고의 선으로 여겨 사모하라.** 하나님의 사랑에 대해 기도하며 묵상하라. 그러면 아 브라켈의 말처럼 당신의 영혼은 점점 더 "하나님의 사랑으로 말미암아 밝게 빛나게 되며 하나님을 향한 사랑으로 불타오르게 될 것이다." 그리하여 당신의 마음은 "더 이상 다른 이들의 사랑을 탐하지 않을 것이고, 세상의 그럴듯한 모든 것들로부터 기꺼이 마음을 거두게 될 것이다."[7]

여섯째, **그리스도의 교회 안에서 다른 사람을 뜨겁게 그리고 희생적으로 사랑하라**(엡 4:32; 벧전 1:22). 복음에는 하나님의 사랑이 드러나 있

---

5 Herman Witsius, *Sacred Dissertations on the Apostles' Creed*, trans. Donald Fraser (1823; repr., Grand Rapids: Reformation Heritage Books, 2010), 1:117.

6 Charnock, *The Existence and Attributes of God*, 2:313-15.

을 뿐만 아니라 하나님이 우리를 사랑하신 것처럼 우리도 서로 사랑하라는 명령이 들어 있다(요일 4:10-11). 마음속에 사랑하고자 하는 소망이 있는 것에 만족하지 말고, 사랑의 실제적인 열매를 맺고 있는지 스스로 점검하라. 당신은 사랑하기 위해 시간과 물질과 힘을 얼마나 사용하였는가? 사도 요한은 "자녀들아 우리가 말과 혀로만 사랑하지 말고 행함과 진실함으로 하자"(요일 3:18)라고 말한다.

일곱째, **하나님의 선하심과 사랑으로 인해 그분을 경배하라.** 하나님이 그분의 선하심과 위대한 사랑을 선포하셨을 때 "모세가 급히 땅에 엎드려 경배"(출 34:8)하였다.[8] 우리도 다음과 같이 고백하자. "감사함으로 그의 문에 들어가며 찬송함으로 그의 궁정에 들어가서 그에게 감사하며 그의 이름을 송축할지어다 여호와는 선하시니 그의 인자하심이 영원하고 그의 성실하심이 대대에 이르리로다"(시 100:4-5). 주님께서 우리를 자기의 피로 값 주고 사셨는데, 우리가 어찌 이렇게 하지 않을 수 있겠는가?

---

7 Wilhelmus à Brakel, *The Christian's Reasonable Service*, trans. Bartel Elshout, ed. Joel R. Beeke (Grand Rapids: Reformation Heritage Books, 1992-1995), 1:134-35.

8 Nichols, *Lectures in Systematic Theology*, 1:466.

생각해볼 질문

1. 출애굽기 34장 6절에 따르면 하나님의 선하심에는 어떤 다양한 측면들이 있는가? 그리고 그 각각의 측면들은 당신의 삶 속에서 어떻게 나타나고 있는가?

2. 당신이 하나님의 선하심을 절대적으로 신뢰할 수 있는 이유는 무엇인가?

3. 하나님의 선하심, 곧 그분의 사랑스러우심으로 말미암아 당신이 그분을 더욱 사랑하게 된 구체적인 일들에 대해 말해보라.

4. 로마서 1장 18-32절 말씀에 따르면, 하나님의 선하심과 그분이 베푸신 선물에 대해 하나님께 감사하지 않는 마음이 어떤 결과를 야기시키는가?

5. 만물을 향한 하나님의 선하심을 닮아갈 수 있는 방법들을 생각해보라. 예컨대 하나님이 창조하신 식물과 동물에 애정을 보이고,[9] 당신의 원수까지도 사랑하라(마 5:44-45). 하나님이 당신을 향해 마음을 넓게 열어주셨는데, 당신은 다른 이들을 향해 마

---

9 신 5:14; 20:19; 22:6-7; 25:4; 잠 12:10.

음을 좁게 닫아버리겠는가?[10]

더 깊은 탐구

- 하나님의 선하심에 관한 또 다른 성경 본문으로는 시편 31:19; 34:8; 119:68; 야고보서 1:17, 자비에 관한 본문으로는 시편 103:13-14; 예레미야애가 3:22-23; 마태복음 17:15; 누가복음 17:13; 빌립보서 2:27, 하나님의 은혜에 관한 본문으로는 에베소서 1:4-6; 2:8-9; 디모데후서 1:9, 하나님의 인내에 관한 본문으로는 느헤미야 9:30; 시편 86:15; 이사야 48:9; 요엘 2:13, 하나님의 사랑에 관한 본문으로는 에스라 3:11; 시편 100:5; 106:1; 107:1; 118:1-4, 29; 136:1-26; 예레미야 31:3, 31; 33:11; 로마서 8:29; 에베소서 1:6 등이 있다.

- 하나님의 모든 도덕적 속성을 한마디로 요약하자면 "선하심"이라고 할 수 있다. 창조주의 자존성, 무한성, 불변성이 모든 피조물을 초월하듯, 선하심에 있어서도 하나님은 최고선(the supreme good)이시다. 그분의 존재 안에서 그분은 본질적으로 무한하고 불변하게 선하시다.[11] 다른 모든 좋은 것들을 빼앗긴다

10 Charnock, *The Existence and Attributes of God*, 2:353.

해도 하나님만 소유한다면 최고의 선을 소유하는 것이다(시 4:6-7; 73:25-28; 합 3:17-19).[12] 이 하나님이 바로 당신의 하나님이라는 확신이 있다면 하나님의 선하심으로 말미암아 당신의 영혼은 달콤한 기쁨으로 채워질 것이다. 헤르만 위트시우스는 신자는 하나님 안에서 "상상할 수 있는 모든 선이 한없이 흘러나오는 마르지 않는 샘, 즉 그의 생각과 소원을 한없이 뛰어넘는 선"을 발견하게 될 것이라고 말했다(시 36:7-9 참조).[13]

- 하나님의 신실한 사랑은 우리가 그분께 용서받을 수 있다는 소망의 원천이다(느 9:17). 하나님의 사랑을 힘입어 우리는 그분께 가까이 나아갈 수 있으며, 그분의 임재 안에서 경외함으로 예배할 수 있다(시 5:7). 하나님의 사랑은 "영원히" 지속된다(대상 16:34, 41; 대하 5:13; 7:3, 6; 20:21). 마치 남편이 신실하지 못한 아내를 찾아 다시 데려오는 것처럼(호 3:1; 사 54:1-10 참조) 하나님도 그분의 사랑 안에서 택한 죄인들을 찾으신다. 하나님은 그들의

---

11 Augustine, *Concerning the Nature of Good, against the Manichaens*, chap. 1, in *A Select Library of Nicene and Post-Nicene Fathers of the Christian Church*, ed. Philip Schaff (New York: Christian Literature, 1888), 4:351; Charnock, *The Existence and Attributes of God*, 2:210-11. Augus-tine, On the Trinity, 3:117-18.

12 Bavinck, *Reformed Dogmatics*, 2:212.

13 Herman Witsius, *Sacred Dissertations on the Apostles' Creed*, trans. Donald Fraser (1823; repr., Grand Rapids: Reformation Heritage Books, 2010), 1:111.

반역이 치유되고, 자신의 진노가 누그러지며, 자신의 신적인 생명력으로 말미암아 그들이 열매를 맺게 하기 위해 "기쁘게 그들을 사랑하"기로 하셨다(호 14:4-8). 지치지 않고 끊임없이 죄인을 사랑하시는 하나님께 찬양을 돌리라!

• Megan Hill, *Contentment: Seeing God's Goodness* (Phillipsburg, N.J.: P&R, 2018); Rebecca Stark, The Good Portion—God: *The Doctrine of God for Every Woman* (Fern, Ross-shire, Scotland: Christian Focus, 2018)도 보라.

24

하나님은 사랑이시다

묵상 본문

하나님이 우리를 사랑하시는 사랑을 우리가 알고 믿었노니 하나님은 사랑이시라 사랑 안에 거하는 자는 하나님 안에 거하고 하나님도 그의 안에 거하시느니라

—요한일서 4:16

기도

영광을 누리시는 삼위 하나님, 이제 주님의 사랑을 묵상하고자 하오니 저를 향한 주님의 크신 사랑을 되새기게 하여 주소서. 주님께서 세상을 이토록 사랑하사 독생자 예수 그리스도를 주셨음을 돌아보게 하소서. 주님의 사랑을 새롭게 보게 하시어 그 사랑이 얼마나 신실한지, 얼마나 진실하고 또 얼마나 변함 없는지를 깨닫고 매료될 수 있게 하소서. 주님의 사랑이 얼마나 넓고 깊은지, 설사 제가 그 안에 온전히 빠져 헤엄친다 하더라도 그것을 결코 다 알 수 없음을 알게 하여 주소서. 저를 사랑하시는 예수님의 능하신 이름으로 기도합니

다. 아멘.

성경적 관점

사랑은 그저 하나님의 여러 속성 중의 하나가 아니다. 사랑은 그분의 본질 자체이다. 영원 전부터 성부, 성자, 성령 하나님은 사랑 안에서 완전한 연합 가운데 계신다. 예수님이 잡히시기 전에 기도하시면서 아버지께서 "창세 전부터 나를 사랑하"셨다고(요 17:24) 말씀하신 것은 바로 이러한 것을 가리킨다. 바울 역시 하나님이 택하신 자들인 우리를 그리스도 예수 안에서, 곧 "사랑하시는 자"(엡 1:6) 안에서 복 주신다고 말한다.

우리는 하나님을 '사랑의 하나님'이라고 부른다. 이 사랑의 하나님을 묵상하면서 다음의 말씀 안에서 안식하라. "주께서 너희 마음을 인도하여 하나님의 사랑과 그리스도의 인내에 들어가게 하시기를 원하노라"(살후 3:5). 잠시 멈추어 오늘 당신의 마음속에 이 일이 참으로 일어나게 해달라고 기도하라.

이 장의 묵상 본문 안에는 몇 가지 놀라운 진리가 담겨 있다. 첫째, 사랑은 하나님께 속한 것이다(요일 4:7). 우리가 표현할 수 있는 어떤 형태의 사랑이든 그 모두가 깊고 넓은 하나님의 사랑의 바다에서 흘러나오는 것이다.

둘째, 하나님의 사랑은 그리스도의 희생제사 안에서 가장 위대하게 표현되었다. "하나님의 사랑이 우리에게 이렇게 나타난 바 되었으니 하나님이 자기의 독생자를 세상에 보내심은 그로 말미암아 우리를 살리려 하심이라"(요일 4:9). 이것은 또한 로마서 5장 8절의 말씀을 생각나게 한다. "우리가 아직 죄인 되었을 때에 그리스도께서 우리를 위하여 죽으심으로 하나님이 우리에 대한 자기의 사랑을 확증하셨느니라." 성육신이야말로 하나님의 사랑에 대한 최고의 증언이자 가장 위대한 표현이다.

본문의 앞뒤 문맥 속에서 알 수 있는 세 번째 진리는 이것이다. 하나님의 사랑은 "우리 안에 온전히 이루어"진다(요일 4:12). 여기서 '이루어지다'에 해당하는 헬라어 단어는 예수님이 십자가 위에서 "다 이루었다"(요 19:30)라고 선포하실 때 사용하신 단어와 동일하다. 우리에 대한 하나님의 사랑에 무엇을 더하거나 빼는 일은 불가능하다. 다시 말해 이 사랑은 고갈되지 않는다. 그분의 사랑은 또한 무조건적이며, 포기하거나 실패하는 일은 있을 수 없다. 하나님의 사랑은 변하지 않는 그분의 성품 위에 기초하고 있으므로 변하지 않는다.

넷째, 요한은 "사랑 안에 두려움이 없고 온전한 사랑이 두려움을 내쫓나니"(요일 4:18)라고 가르친다. "온전한 사랑"은 우리의 사랑이 아니라 하나님의 사랑을 가리킨다. 하나님에게만 온전한 사랑이 있으며, 하나님이 우리의 각종 두려움, 곧 사람에 대한 두려움이나 죽음과 죄에 대한 두려움을 내쫓으신다. 온 우주의 왕이신 분이 당신을 조건 없이 사랑하신다는 사실을 알면 두려워할 것이 무엇이겠는가? 게다가 그분은 사망을 삼키고 이기셨다(고전 15:54)!

다섯째, "우리가 사랑함은 그가 먼저 우리를 사랑하셨음이라"(요일 4:19). 남녀노소를 불문하고 사람이 하나님을 사랑할 수 있는 유일한 길은 하나님이 먼저 그분을 사랑하는 새 마음을 주시는 것이다(겔 36:26). 우리의 사랑은 그분이 먼저 은혜로 우리를 사랑하신 것에 대한 응답일 뿐이다.

이번 장의 묵상 본문을 둘러싼 앞뒤 문맥 속에서 찾을 수 있는 마지막 진리는 "우리도 서로 사랑하는 것이 마땅하"(요일 4:11)다는 것이다. 우리의 사랑은 하나님의 사랑을 반영하는 것이 되어야 한다. 가장 큰 계명이 무엇이냐는 질문을 받으셨을 때 예수님은 "네 마음을 다하고 목숨을 다하고 뜻을 다하여 주 너의 하나님을 사랑하라"(마 22:37)고 대답하셨다. 그런데 이 대답에 이어서 예수님은 "네 이웃을 네 자신 같이 사랑하라"(39절)고 말씀하시며 이것이 두 번째로 큰 계명이라고 하셨다. 우리가 진정으로 하나님의 사랑을 받았으며, 그리스도의 희생제사를 통해 구원을 얻었으며, 성령으로 인침받은 사람들이라면(엡 1:13), 서로에 대한 사랑이 넘쳐남이 마땅하다(살전 3:12).

생각해볼 질문

1. 이번 장의 본문인 요한일서 4장 16절을 깊이 들여다보면, 하나님의 사랑을 신뢰하며 믿는 것과 단순히 지식적으로 하나님의 사랑을 믿는 것 사이에는 어떤 차이가 있다고 생각하는가?

2. 당신은 사랑을 어떻게 정의하겠는가? 당신이 내린 정의는 이번 장에서 살펴본 성경적 관점과 일치하는가?

3. 요한은 "하나님은 사랑이시다"라고 가르친다. 다른 이에게 표현하지 않거나 베풀지 않는 사랑이 사랑일 수 있는가?

4. 성령의 은혜 가운데 하나님의 사랑을 잠시 묵상하며 음미해보라. 그분이 당신을 아무런 조건 없이 사랑하시며, 심지어 당신이 그분의 뜻을 거스르는 죄를 지은 후에도 변치 않고 사랑하신다는 사실 안에서 안식을 얻으라. 당신을 향한 하나님의 이 놀라운 사랑으로 인해 당신 안에도 사랑의 감정이 끓어오르게 하라.

5. 하나님의 사랑 안에 꾸준히 거할 수 있는 실천적인 방법으로는 어떤 것들이 있는가?

더 깊은 탐구

- 하나님의 사랑에 관한 또 다른 성경 본문으로는 출애굽기 34:6; 역대하 5:13; 시편 100:5; 예레미야 31:3; 요한복음 3:16-17; 15:13; 로마서 5:8; 8:35-39; 고린도전서 13장; 고

린도후서 5:14; 갈라디아서 5:22; 에베소서 2:4; 5:2-25; 빌립보서 1:9; 골로새서 3:14; 데살로니가후서 2:16; 요한일서 4장; 요한계시록 1:5 등이 있다.

• 신자에게 있어 징계와 사랑은 사실 함께 하는 것이다. 히브리서 12장 6절의 "주께서 그 사랑하시는 자를 징계하시고"라는 말씀을 생각해보라. 신자들이여, 당신의 고난은 하나님의 진노가 아닌 사랑에서 오는 것임을 잊지 말라. 그것은 당신에게 심판을 선언하는 것이 아니며, 당신을 치유하기 위한 것이다.

• 바울은 "내가 기도하노라 너희 사랑을 지식과 모든 총명으로 점점 더 풍성하게 하사"(빌 1:9)라고 말함으로써 우리의 사랑이 지식을 통하여 자라가야 한다고 설명한다. 조나단 에드워즈는 우리가 마음속의 열기와 빛을 갖고 예배 드려야 하나, 그 열기는 빛을 통해 정당화되는 정도를 넘어서면 안 된다고 언급한 적이 있다. 당신은 이 말이 전달하고자 하는 바가 무엇이라고 생각하는가?

• John Piper, *Think: The Life of the Mind and the Love of God* (Wheaton, Ill.: Crossway, 2010); David Pow-lison, *God's Love: Better Than Unconditional* (Phillipsburg, N. J.: P&R, 2001); D. A. Carson, *The Difficult Doctrine of the Love of God* (Wheaton, Ill.: Crossway, 2000)도 보라.

25

하나님은 은혜로우시다

묵상 본문

여호와께서 이르시되 내가 내 모든 선한 것을 네 앞으로 지나가게 하고 여호와의 이름을 네 앞에 선포하리라 나는 은혜 베풀 자에게 은혜를 베풀고 긍휼히 여길 자에게 긍휼을 베푸느니라

—출애굽기 33:19

기도

은혜가 풍성하신 아버지여, 저는 생명과 구원을 받을 자격이 없습니다. 제게 합당한 것은 그저 영원한 사망과 지옥뿐입니다. 그러나 은혜와 긍휼이 풍성하신 아버지께서는 오직 아버지의 은혜로 저를 구원하여 아버지와 교제하게 하셨으며, 또한 그리스도 안에서 다른 신자들과 교제하게 하셨습니다. 실로 제가 가진 모든 것이 오로지 은혜로 주신 선물이며, 또한 저의 모든 필요를 채워주시는 것도 은혜입니다. 이제 제가 주님의 이 온전한 성품을 들여다보고자 하오니, 주님의 은혜에 탄복하게 하여 주소서. 성령께서 저의 영혼을 부드럽게 하

여 주셔서 하나님에 관한 이 소중한 진리를 더욱 온전히 받아들이게 하시고, 그리하여 하나님의 은혜 안에서 안식을 얻게 하소서. 예수님의 이름으로 기도합니다. 아멘.

성경적 관점

요즘은 많은 사람들이 권리의식을 지니고 있다. 그래서 사람들은 흔히 이런 말들을 하곤 한다. "나 정도면 이런 차나 저런 집은 가져야지." "나는 더 높은 연봉을 받을 자격이 있어." 당신이 현대의 방송 매체를 많이 접하는 편이라면 대부분의 광고들이 시청자로 하여금 자신이 그 상품을 가질 만한 사람인 것처럼 믿게 만드는 일에 공을 들이고 있다는 점을 잘 알 것이다. 그들은 그저 우리가 원하는 것이라면 무엇이든 가져도 되는 것처럼, 심지어 그것이 "정당한" 것처럼 믿게 만들려고 한다. 마치 우리에게 그럴 만한 자격이 있는 것처럼 말이다.

하지만 성경의 가르침은 그와는 전혀 다른 것을 제시한다. 성경이 말하는 우리에게 진정으로 합당한 것은 전혀 다른 것이다. 우리의 죄악된 마음의 본성이 어떠한지 다음의 말씀을 통해 생각해보라.

"여호와께서 사람의 죄악이 세상에 가득함과 그의 마음으로 생각하는 모든 계획이 항상 악할 뿐임을 보시고"(창 6:5).

"선을 행하는 자가 없으니 하나도 없도다"(시 14:3).

"만물보다 거짓되고 심히 부패한 것은 마음이라"(렘 17:9).

"허물과 죄로 죽었던 너희를"(엡 2:1).

"모든 사람이 죄를 범하였으매 하나님의 영광에 이르지 못하더니"(롬 3:23).

"죄의 삯은 사망이요"(롬 6:23).

성경을 통해 분명히 알 수 있는 것은 하나님의 주권적인 은혜 없이는 모두가 다 죄로 가득하고, 잃어버려지고, 아무런 소망도 없는 존재라는 사실이다. 우리 모두는 그저 하나님의 진노와 심판만이 합당한 존재들이다. 다시 말해서 모든 사람이 지옥에 가도 그것은 공정한 일이다. 그러나 하나님은 은혜로우시기에 우리가 받을 자격이 없는 것을 베풀어 주신다.

은혜와 긍휼 사이에는 미묘한 차이가 있다. 물론 하나님은 은혜로우시기도 하고 동시에 긍휼이 넘치시기도 하다. 하지만 구원하는 은혜는 오직 하나님이 택하신 백성, 택자들에게만 적용되는 좁은 개념이다. 이와 관련하여 핑크(A. W. Pink)는 "은혜는 오직 택하신 자들을 향해 나타내 보이시는 하나님의 성품의 완성체이다"라고 설명한다. 그는 계속해서 "구약 성경에서는 물론이고 신약에서도 하나님의 은혜가 인류 전체와 관련지어 언급된 적은 단 한 번도 없다"[1]고 말한다. 그럼에도 하나님은 의로운 자와 불의한 자에게 동일하게 비를 내려 주신다(마 5:45). 하나님은 이 땅의 복을 신자와 불신자 모두에게 부어 주신다. 이를 흔히 하나님의 일반 은총이라고 부른다.

그런가 하면 하나님은 "그 지으신 모든 것에 긍휼을 베푸신다"(시 145:9). 긍휼이란 하나님이 당신에게 정말로 합당한 것을 내리시지 않는 것, 혹은 적어도 잠시 동안은 당신이 응당 받아야 할 그것을 거두어 주시는 것을 말한다. 오직 그분의 긍휼을 통해서만 온 인류는 하나님의 진노와 공의의 즉각적인 불길을 피할 수 있다. 따라서 신자는 은혜와 긍휼을 모두 받는 것이다.

하나님의 은혜는 그분의 양, 곧 그리스도의 신부인 교회 위에 베푸시는 그분의 주권적인 호의이며, 그것은 공로와 무관하게 주어진다. 은혜는 하나님의 성품에서 흘러나오는 여러 가지 속성들 중의 하나이므로, 그것은 영원하다. 그분의 백성들에게 실제로 베풀어지기 전에도 은혜는 존재했던 것이다. 바울은 하나님이 우리를 구원하신 것은 "우리의 행위대로 하심이 아니요 오직 자기의 뜻과 영원 전부터 그리스도 예수 안에서 우리에게 주신 은혜대로 하심이라"(딤후 1:9)라고 설명한다.

하나님의 은혜는 또한 주권적이다. 이는 그분이 은혜를 주시기로 선택하신 자들에게만 그것을 베푸신다는 의미이다. 이번 장의 본문에서 하나님이 "[나는] 은혜 베풀 자에게 은혜를 베풀고 긍휼히 여

---

1 Pink, *The Attributes of God*, 66.

길 자에게 긍휼을 베푸느니라"(출 33:19)라고 말씀하신 것과 같다. 절대적인 주권자이신 하나님은 누구든지 그분이 택하시는 자에게 호의를 베푸신다.

하나님의 은혜는 또한 선물이다. 우리는 그에 대한 값을 치르지 않고 거저 받는다. 바울은 "너희는 그 은혜에 의하여 믿음으로 말미암아 구원을 받았으니 이것은 너희에게서 난 것이 아니요 하나님의 선물이라"(엡 2:8)고 말한다. 비록 당신은 그 은혜의 선물을 받기 위해 아무런 값도 치르지 않았지만 예수님이 자신의 생명으로 그 값을 치르셨다. 예수님이 친히 당신이 지은 죄의 대가를 감당하심으로써 당신이 의로움의 상과 영생의 선물을 받게 하신 것이다.

하나님이 율법을 주신 목적 중의 하나는[2] 우리의 죄가 참으로 얼마나 큰지를 보여주는 것이다. 이를 통해 "율법이 들어온 것은 범죄를 더하게 하려 함이라 그러나 죄가 더한 곳에 은혜가 더욱 넘쳤나니"(롬 5:20)라는 말씀과 같이 그분의 놀라우신 은혜가 더욱 더 부각되는 것이다.

마지막으로 우리는 "오직 우리 주 곧 구주 예수 그리스도의 은혜

---

2 역사적으로 신학자들은 하나님의 율법의 "용도"를 세 가지로 분류했다. 첫째, 율법은 사회의 악과 죄를 억제한다. 율법이 없으면 사회가 제 기능을 하지 못하고 무절제한 혼란에 빠지게 된다. 둘째, 율법은 우리의 죄를 깨닫게 하고 그 죄의 깊이가 얼마나 깊은지 보여준다. 이는 율법의 복음적 혹은 교훈적 용도로서 우리에게 그리스도가 필요하다는 사실을 밝혀준다. 셋째, 율법은 우리에게 하나님이 기뻐하시는 것을 드러내주며, 그리하여 하나님의 백성이 율법을 사랑할 뿐만 아니라 그것을 삶의 규범으로 사용할 수 있게 해준다. 하나님의 백성은 그와 같이 겸손하고 진실된 순종 가운데 살아감으로써 하나님께 감사를 돌리게 된다.

와 그를 아는 지식에서 자라" 가야 한다(벧후 3:18). 우리는 예수님을 믿음으로 온전히 죄를 용서받고 의롭다 하심을 얻은 것이 사실이지만, 하나님은 우리가 "그리스도의 장성한 분량"이 충만한 데까지 이르도록(엡 4:13) 매일 같이 우리를 계속해서 변화시켜 가신다. 오직 은혜로만 우리는 구원을 얻는다. 오직 은혜로만 우리는 그리스도의 복음 안에서 기쁨과 소망을 발견한다. 오직 은혜로만 "우리가 살며 기동하며 존재한다"(행 17:28). 오직 은혜로만 하나님이 우리의 죄를 용서하시고 우리를 의롭게 보아주신다. 또한 오직 은혜로만 그분이 우리를 언젠가 영광으로 인도하실 것이다.

생각해볼 질문

1. 당신은 이 정도는 "당연히" 받을 만하다고 생각하거나 그에 합당한 자격이 있다고 믿는 것이 있는가? 이 질문에 대해 정직하게 생각해보라.

2. 이번 장의 묵상 본문에서, 하나님의 은혜와 관련하여 그분의 이름인 "여호와"가 중요한 이유는 무엇이라고 생각하는가? 그러한 칭호는 하나님의 은혜의 본질에 대하여 무엇을 더 계시해 주는가?

3. 현재 하나님이 당신에게 어떻게 긍휼을 베풀고 계시는지 구체적으로 생각해보라. 당신이 마땅히 받아야 할 것을 보류하고 계시는 것이 있는가?

4. 잠시 시간을 내어 당신의 죄가 얼마나 깊은지 한 번 생각해보라. 당신을 지으시고 붙드시는 분에 대한 끝없는 반역이 그 죄의 실체임을 볼 수 있는가? 그러한 죄로부터 당신을 구원하시는 하나님의 은혜를 생각해보라. 당신의 죄를 독생자에게 지우셨고, 그 아들께서는 당신을 대신하여 죽으셨다. 이토록 놀라운 은혜에 대해 당신은 어떻게 응답해야 마땅하겠는가?

5. 당신은 다른 사람보다 당신 자신이 하나님의 축복과 호의를 받을 만한 자격이 더 있다고 생각한 적이 있는가? 혹은 당신이 보기에 어떤 사람은 은혜를 받을 만한 자격이 전혀 없어 보이는가? 당신은 그러한 은혜를 받을 만한 자격이 있다고 생각하는가?

6. 당신의 직장이나 학교, 혹은 가정에서(특히 사람들이 당신에게 상처를 줄 때) 은혜를 베풀 수 있는 실천적인 방법으로는 어떤 것들이 있는가?

7. 은혜의 복음을 통해 당신은 어떻게 하나님과 이웃을 섬길 올바

른 동기를 얻게 되는가?

더 깊은 탐구

- 은혜의 하나님에 관한 또 다른 성경 본문으로는 시편 86:15; 103:8; 116:5; 아모스 5:15; 요한복음 1:14; 사도행전 15:11; 로마서 3:24; 5:20; 고린도전서 15:10; 고린도후서 8:9; 12:9; 에베소서 1:6; 2:8; 디도서 2:11; 베드로전서 1:13; 5:10; 베드로후서 3:18 등이 있다.

- 은혜를 받을 만한 "자격"이 있는 자에게 베푸는 것은 은혜가 아니다. 은혜는 결코 합당한 자격으로 받는 것이 아니며, 주권적이신 하나님이 거저 주시는 것이다. 우리는 은혜를 받을 만한 공로를 세우지 않았으며, 또한 중립적이지도 않다. 왜냐하면 우리는 오히려 은혜를 받지 못할 모든 조건을 갖추고 있기 때문이다. 즉 우리의 행위에 합당한 보응은 오직 사망과 지옥뿐이다.

- Sinclair Ferguson, *By Grace Alone: How the Grace of God Amazes Me* (Lake Mary, Fla.: Reformation Trust Publishing, 2010); Jerry Bridges, *The Discipline of Grace: God's Role and Our Role in the Pursuit of*

Holiness (Colo-rado Springs, Colo.: NavPress, 2006); Charles Spurgeon, *Grace: God's Unmerited Favor* (New Kensington, Pa.: Whitaker House, 1996)도 보라.

26

하나님은 진리이시다

묵상 본문

우리가 그에게서 듣고 너희에게 전하는 소식은 이것이니 곧 하나님은 빛이시라 그에게는 어둠이 조금도 없으시다는 것이니라…만일 우리가 우리 죄를 자백하면 그는 미쁘시고 의로우사 우리 죄를 사하시며 우리를 모든 불의에서 깨끗하게 하실 것이요

—요한일서 1:5, 9

기도

진리의 원천이시요 진리를 사랑하시는 진리의 하나님, 주님의 진리와 신실하심이 주님의 창조와 섭리와 모든 약속의 든든한 기반입니다. 주의 말씀과 주의 모든 행사는 참으로 진실합니다. 이 세상의 거짓과 제 자신의 죄악된 본성에 맞서 선한 싸움을 싸울 수 있도록 도와주소서. 저의 삶 속에서 주님의 참되심이 거짓보다 더욱 크게 울려 퍼지게 하소서. 진리를 구하고 그것을 버리지 않을 수 있도록 은혜를 더하여 주소서. 길이요 진리요 생명이신 주님의 아들에게서 흘러

나오는 그 진리를 사랑하고 그 진리를 따라 살아갈 수 있도록 힘을 주소서. 주님의 약속은 확실하고 밝은 빛을 비추며 변함이 없습니다. 제가 그 신실한 약속 실현의 결정체이신 예수 그리스도를 신뢰하며 의지하게 하소서. 가장 신실하시고 진실하신 예수님의 이름으로 기도합니다. 아멘.

성경적 관점

이제 우리는 하나님의 진리와 의로우심의 관점에서 그분의 도덕적 탁월함을 생각해보고자 한다. 모세의 노래를 통해 우리는 하나님의 도덕적 탁월함의 여러 측면을 들여다볼 수 있다. "그는 반석이시니 그가 하신 일이 완전하고 그의 모든 길이 정의롭고 진실하고 거짓이 없으신 하나님이시니 공의로우시고 바르시도다"(신 32:4). 헤르만 혹세마는 하나님은 변치 않으시는 굳건한 반석이시요 "만물의 규범과 척도이시다"[1]라고 말했다. 사도 요한은 "하나님은 빛이시라 그에게는 어둠이 조금도 없으시다"(요일 1:5)고 말하며, 그런 맥락에서 빛과 진리를 연결시킨다(요일 1:6, 8). 그뿐 아니라 요한은 "그는 미쁘시고"(요일 1:9)라고 말한다. 하나님의 진리와 미쁘심(신실하심)에 대해 묵상해보자.

하나님이 참되시다는 말은 그분이 실재하시고, 굳건하시며, 변치

---

1 Herman Hoeksema, *Reformed Dogmatics*, 2nd ed. (Grandville, Mich.: Reformed Free Publishing Association, 2004), 1:175.

않으시는 "반석"이라는 의미이다. 즉 그분은 "진실하신 하나님"(신 32:4)이시다. 신명기 32장의 문맥 속에서 보면 "진실하신 하나님"이라는 말은 그분의 신실하심을 입증하는 말이기도 하지만, 동시에 "그들의 반석이 우리의 반석과 같지 아니하니…그들의 신들이 어디 있으며 그들이 피하던 반석이 어디 있느냐"(신 32:31, 37)라는 말씀에서 시사하듯 열방의 거짓 신들과의 차이를 강조하는 말이기도 하다. 마찬가지로 신약 성경은 하나님을 "참된 자"라고 증언한다(요일 5:20-21). 이는 거짓되고 무능한 우상들과는 달리 하나님은 살아 계시고 생명을 주시는 분으로서 실존하신다는 의미이다.

하나님은 다음의 세 가지 의미에서 "참되시다." 첫째, **실존이라는 형이상학적 개념에서** 하나님은 참되시다. 즉 그분은 거짓되고 실재하지 않는 모든 형태의 신적 존재가 아니라는 뜻에서는 참되신 하나님이시다. 둘째, **정확성이라는 논리적 개념에서** 하나님은 참되시다. 즉 그분은 만물의 이치를 속속들이 다 아시는, 영원하신 지혜이시며, 그분의 말씀은 오류가 없다. 셋째, **신실함이라는 윤리적 개념에서** 하나님은 참되시다. 즉 그분의 모든 말씀과 행동에는 한결같은 신실함과 일관성과 도덕적 완전무결함이 있다.[2)]

그리스도의 복음 안에 있는 영생의 약속은 하나님의 참되심에 기초하고 있다. 하나님은 다윗 언약에서 약속하신 그 왕을 통해 위대한 구원을 이루신다. 이 약속은 하나님의 신실하심이라는 굳건한 기반

---

2 Bavinck, *Reformed Dogmatics*, 2:209.

위에 놓여 있으며, 그분의 강하신 능력의 팔로 실행된다(삼하 7:12-16, 28; 사 55:3). 우리는 하나님의 언약의 약속들이 확실하다는 것을 안다. 노아와 맺은 언약 중에 낮과 밤과 계절이 쉬지 않으리라고 약속하신 말씀(창 8:21-22; 9:8-11)을 그대로 이루어 가시는 하나님의 신실하심이 언약의 약속들을 확증하기 때문이다.

하나님의 약속을 이루려고 그리스도께서 성육신하여 이 땅에 오셨다. "하나님은 미쁘시니라 우리가 너희에게 한 말은 예 하고 아니라 함이 없노라…하나님의 약속은 얼마든지 그리스도 안에서 예가 되니 그런즉 그로 말미암아 우리가 아멘 하여 하나님께 영광을 돌리게 되느니라"(고후 1:18-20).

예수님은 "내가 곧…진리요"(요 14:6)라고 말씀하신다. 따라서 그리스도야말로 전적으로 정확하고 확실한 하나님의 계시이시고, 아버지의 영광스러운 말씀이시다(요 1:1, 14). 그리스도께서는 세상에 와서 각 사람에게 비추는 "참 빛"이요(요 1:9), "하늘로부터 오신 참 떡"이시다(요 6:32). 또한 그분은 "참 포도나무"(요 15:1)이시며, 그분에게 연합된 사람만이 신령한 열매를 맺을 수 있다. 성부와 성자께서는 진리의 성령님을 보내신다. 성령님은 사도들의 글 안에서 그리스도의 영광에 대해 증언하신다(요 16:13). 이처럼 성령의 "기름부음"을 받은 사람은 하나님을 알 수 있다. 그것이 "참되고 거짓이 없"(요일 2:27)기 때문이다.

하나님의 참되심은 우리의 삶 속에 여러 가지 영향을 미친다.

첫째, **당신은 하나님의 말씀이 믿을 만하다는 것을 확신할 수 있다.**

그분의 말씀이 "신실하고 참되며"(계 21:5), "성령이 하시는 말씀"(계 2:7)인데다, "진리의 말씀"(엡 1:13)이기 때문이다.

둘째, **하나님을 신뢰함으로써 당신의 영혼은 그분 안에서 안식을 누릴 수 있다.** 당신을 창조하고 부르신 분은 신실하시기 때문이다(벧전 4:19; 고전 1:9). 하나님은 당신이 시험을 감당할 수 있도록 신실하게 도와주신다(고전 10:13). 뿐만 아니라 당신이 넘어지더라도 그분은 미쁘시고 의로우사 당신이 죄를 고백하면 용서해주신다(요일 1:9). 당신은 하나님의 신실하심에 믿음으로 반응하고 있는가? 하나님은 가장 신뢰할 만한 분이다.

셋째, **하나님의 신실하심은 당신의 불신을 회개할 것을 요청한다.** 그렉 니콜스는 이렇게 경고한다. "불신과 회의주의는 하나님을 거짓말쟁이라고 부른다. 죄인들이 그분의 증거를 거부하는 것은 그분의 참되심을 모욕하는 것이다."[3] 당신이 암울한 상황과 의심과 완고한 감정으로 인해 하나님에 대한 확신을 갖기 어려울 때, 당신의 영혼은 하나님의 말씀 위에서 안식하는가? 아니면 바람에 나부끼는 잎새처럼 이리저리 흔들리고 요동하는가? 하나님의 진리 되시는 속성을 묵상하라. 하나님이 자신의 신실하심을 거듭거듭 증명하신 것을 생각하라. 특히 예수 그리스도의 성육신과 사역을 통해 드러내신 것을 생각하라. 그리스도를 신뢰하라.

넷째, **하나님의 진리는 우리에게 은혜와 평강을 위해 더욱 기도하라**

3 Nichols, *Lectures in Systematic Theology*, 1:539.

고 요청한다. 이사야 26장 3절은 "주께서 심지가 견고한 자를 평강하고 평강하도록 지키시리니 이는 그가 주를 신뢰함이니이다"라고 말한다. 신실하신 하나님, 곧 자기 백성에게 반석이 되시는 분에게 마음을 고정시킴으로써 평강을 위한 싸움을 싸우라.

생각해볼 질문

1. 하나님은 예수 그리스도의 성육신과 사역을 통해 어떻게 그분의 참되심을 입증하셨는가?

2. 우리는 형이상학적 측면, 논리적 측면, 윤리적 측면의 세 가지 측면에서 하나님의 참되심을 살펴보았다. 오늘날 우리가 수많은 "아류"의 진실에 맞닥뜨릴 때 이 각각의 측면의 진리됨이 얼마나 필요한지 설명해보라.

3. 오늘날 포스트모더니즘의 현실 속에서 진리는 객관적인 것, 계시된 것이라기보다는 주관적인 것, 만들어진 것, 개인적 선호에 따라 변할 수 있는 상대적인 것으로 간주된다. 진리에 대한 상대주의적 견해에 대응하기 위해서 어떤 성경구절로부터 특별히 도움을 얻을 수 있는가?

4. 하나님의 참되심과 우리의 신뢰 사이의 관계를 생각해보라. 하나님의 참되심을 더 잘 이해하게 되면 당신이 그분을 더욱 신뢰하는 데 어떤 도움이 되는가?

5. 하나님의 참되심에 관한 이번 장의 묵상 가운데 무엇이 당신의 현재 상황에 가장 적절하게 적용될 수 있는가? 그 이유는 무엇인가?

더 깊은 탐구

- 하나님의 참되심에 관한 또 다른 성경 본문으로는 시편 31:5; 86:15; 이사야 65:16; 예레미야 10:10; 요한복음 15:26; 16:13; 17:3; 데살로니가전서 1:9; 요한일서 4:6 등이 있다.

- 인격적 속성으로서의 참됨은 사랑이나 의로움과 중복되는 윤리적 특성이다. "진리"는 하나님의 신실하신 사랑(헤세드, חֶסֶד)과 짝지어 나타나는 경우가 많다. "여호와여 주의 긍휼을 내게서 거두지 마시고 주의 인자와 진리로 나를 항상 보호하소서"(시 40:11; 또한 시 25:10; 57:3, 10; 85:10; 89:14; 108:4; 115:1; 117:2; 138:2; 미 7:20 참조).

• "진실로"(아멘, אָמֵן)로 번역된 히브리어 부사는 "전심으로 동의합니다", "그렇게 하소서", "그렇게 되기를 바랍니다"라는 의미이다.[4] 신약 성경에서 헬라어로 음역된 그 용어(아멘, Ἀμήν)는 예수 그리스도께서 자신의 말씀이 참됨을 나타내려고 자주 사용하신 것이다(마 5:18; 요 1:51). 하나님은 말 그대로 "진리의 하나님"(사 65:16)이라고 불리셨고, 그리스도께서는 친히 자신을 "아멘이시요 충성되고 참된 증인"(계 3:14)이라고 부르셨다. 윌리엄 퍼킨스는 그리스도의 말씀이 "그 자체로 참되고 충분하며 다른 증거를 필요로 하지 않는다."고 말했다. 또한 "그분은 모든 진리의 규범이신 아버지께로부터 받으신 대로 어떠한 오류나 기만이나 거짓 없이 모든 것을 있는 그대로 참되게 말씀하신다."고 말했다.[5]

• Kelly Minter, *Finding God Faithful* (Nashville, Tenn.: Broadman & Holman, 2019)도 보라.

---

4 신 27:15-26; 왕상 1:36; 16:36; 5:13; 시 41:13; 72:19; 89:52; 106:48; 렘 11:5; 28:6.

5 William Perkins, *A Godly and Learned Exposition or Commentary upon the Three First Chapters of the Revelation,* in *The Works of William Perkins*, ed. Stephen Yuille (Grand Rapids: Reformation Heritage Books, 2017), 4:334, 595.

27

하나님은 신실하시다

묵상 본문

평강의 하나님이 친히 너희를 온전히 거룩하게 하시고 또 너희의 온 영과 혼과 몸이 우리 주 예수 그리스도께서 강림하실 때에 흠 없게 보전되기를 원하노라 너희를 부르시는 이는 미쁘시니 그가 또한 이루시리라

—데살로니가전서 5:23-24

기도

신실하신 아버지여, 제가 아버지께 열과 성을 다하지 않을 때에도 아버지는 제게 온전히 열과 성을 다해 주시니 찬송을 드립니다. 자녀를 향한 아버지의 변함없는 사랑과 신실하심, 그리고 결코 우리를 떠나지 아니하심에 감사 드립니다. 이제 제가 아버지의 이 신실하신 속성을 묵상할 때 제 안에 숨겨진 죄악들을 드러내 주시고 제가 아버지의 은혜 안에서 즐거워할 수 있게 하여 주소서. 아버지의 말씀을 오늘 제 삶에 적용할 수 있게 하소서. 예수 그리스도의 이름으로 기도

합니다. 아멘.

성경적 관점

1900년대 중반부터 미국의 가정은 빠른 속도로 붕괴되기 시작했다. 오늘날의 여론조사에 따르면 미국인의 거의 절반이 결혼을 꼭 필요하다고 생각하지 않는다. 많은 이들이 결혼을 단지 사랑을 '느끼는 것'에 관한 것으로 생각할 뿐, 하나님께 영광을 돌리기 위해 서로에게 헌신하는 관계로 생각하지는 않는다. 사람들은 그저 자신이 행복할 때에만 무언가에 헌신하도록 배운다. 모두가 행복감과 좋은 느낌에 대해서만 이야기할 뿐 그리스도와 그분의 신부 사이의 언약적 관계(엡 5:25-32)를 보여주는 데에는 관심이 없다.

교회생활도 다를 바 없다. 탁자의 위치, 꽃향기, 피아노 소리, 설교의 길이가 맘에 들지 않으면 우리는 주저 없이 자기 입맛에 맞는 교회를 찾기 시작한다. 다른 말로 하자면, 헌신 따위는 저 멀리 내팽개치고 오로지 개인적인 취향만이 우리의 관계를 이끌어 가는 요인이 된다는 것이다. 하지만 아이러니하게도 고난과 역경과 어려움에 처해 있을 때 가장 빛을 발하는 것이 바로 헌신이다. 그렇기 때문에 결혼 서약에는 부유할 때나 가난할 때나, 건강할 때나 아플 때나, 좋을 때나 나쁠 때에 서로에게 헌신하겠다는 약속이 들어 있는 것이다. 힘든 시기에 그 헌신이 가장 분명하게 잘 나타나기 때문이다.

헌신과 신실함을 가장 잘 아시는 분은 하나님이다. 그것들이 그분의 성품이기 때문이다. 구약 성경 전체에 걸쳐 이스라엘은 영혼의 참된 연인 안에서 안식을 누리지 않고 이 세상의 우상을 좇아가는 음행을 저질렀다(겔 16장; 호 2장). 그러나 하나님은 계속해서 그들에게 신실하셨다. 이스라엘은 하나님께 너무나도 신실하지 못했지만 그럼에도 하나님은 그들에게 충실하시고, 헌신하셨다.

이것을 가장 명확하게 보여주는 표현 중에 하나가 히브리어 '헤세드(חֶסֶד)'이다. 이 단어는 "긍휼", "충실한 사랑", "변함없는 사랑", "한결같은 사랑", "헌신된 사랑", "언약의 사랑" 등으로 번역된다. 시편의 다음 구절들을 생각해보라.

"여호와의 모든 길은 그의 언약과 증거를 지키는 자에게 인자와 진리로다"(시 25:10).

"주는 선하사 사죄하기를 즐거워하시며 주께 부르짖는 자에게 인자함이 후하심이니이다"(시 86:5).

"의와 공의가 주의 보좌의 기초라 인자함과 진실함이 주 앞에 있나이다"(시 89:14).

"아침에 주의 인자하심이 우리를 만족하게 하사 우리를 일생 동안 즐겁고 기쁘게 하소서"(시 90:14).

"여호와는 선하시니 그의 인자하심이 영원하고 그의 성실하심이 대대에 이르리로다"(시 100:5).

"우리에게 향하신 여호와의 인자하심이 크시고 여호와의 진실하심이 영원함이로다 할렐루야"(시 117:2).

하나님의 "자비하심", "인자하심"(헤세드)과 하나님의 "신실하심"(성실하심, 진실하심) 사이의 밀접한 관계에 주목하라. 하나님의 사랑은 변하지 않는다. 감정의 기복에 따라 오르내리지 않는다. 하나님의 언약적 약속은 그분이 언제까지나 우리의 하나님이 되시고 우리가 언제까지나 그분의 백성이 되리라는 것이다(출 6:7; 렘 30:22).

헌신과 신실함을 통해 얻게 되는 가장 큰 보상 중의 하나는 친밀함이다. 누군가와 친밀한 관계를 갖는다는 것은 그 사람의 장단점을 속속들이 다 알고, 그럼에도 불구하고 그를 사랑하는 것을 의미한다. 이는 아는 것과 사랑이 아름답게 조화를 이뤄낸 경이로운 결과이다. 하나님은 그분의 백성과 바로 이러한 친밀한 관계를 맺고자 하신다. 그분은 우리를 온전히 아시고 그럼에도 우리를 사랑하시는데, 이는 우리가 "그리스도 안에" 있기 때문이다. 복음이 정말로 놀라운 것은 우리가 하나님 안에서 만족하고 기쁨을 누릴 때 그로 인해 하나님이 영광을 받으신다는 점이다. 하나님이 먼저 우리를 알고 사랑하신다는 그 사실(요일 4:19) 때문에 우리도 그분을 알고 사랑할 때 그분과 친밀한 관계를 경험하게 된다.

하나님을 향한 사랑은 그분을 아는 것에서 비롯된다. 그러므로 하나님의 신실하심을 먼저 알고, 그 지식에서부터 그분을 향한 애정이 싹트도록 해야 한다. 그러면 당신 영혼의 연인 되시는 하나님과의 사이에서 깊고 충만한 친밀감을 발견하게 될 것이다.

당신이 하나님의 신실하심 안에서 안식을 누릴수록 당신의 삶에 성령의 열매인 충성이(갈 5:22) 나타나게 될 것이다. 죄를 용서하시는 하나님의 신실하심(요일 1:9)을 신뢰할수록 죄와 싸울 더 큰 힘을 얻게 될 것이다. 고난 중에 하나님의 신실하심을 바라볼수록 당신은 더 큰 평안과 위로와 기쁨을 누리게 될 것이다. 예레미야가 고난 중에 "여호와의 인자와 긍휼이 무한하시므로 우리가 진멸되지 아니함이니이다 이것들이 아침마다 새로우니 주의 성실하심이 크시도소이다"(애 3:22-23)라고 찬송했던 것을 생각해보라. 신자들은 하나님의 신실하심을 깨달을 때, 하나님께 신실한 삶을 추구할 동기와 힘을 얻는다.

생각해볼 질문

1. 동일한 죄에 대항하여 싸우고 또 싸워 본 적이 있는가? 그때 당신은 하나님께 "다시는 그렇게 하지 않겠습니다!"라고 약속했을지도 모른다. 하나님의 신실하심을 생각해보는 것은 당신이 앞으로 그 죄와 맞서 싸울 수 있는 영적인 힘을 얻는 데 어떤 도움이 되겠는가?

2. 데살로니가전서 5장 23절에서 하나님은 당신을 온전히 거룩하게 하겠다고 약속하신다. 그것은 천국에 이를 때까지 당신에게는 언제나 은혜가 필요하다는 뜻이다. 그분의 약속은 확실하지만 우리에게는 여전히 갈 길이 남아 있다. 당신은 그리스도인으로서 세상을 살아가는 당신의 여정 속에서 실제적이고 가시적인 성장의 증거를 나타내 보이고 있는가?

3. 이번 장의 본문은 "너희를 부르시는 이는 미쁘시니"라고 말한다. 하나님은 어떤 사람을 부르실 때, 그에게 그 경주를 마치기 위해 필요한 것들을 반드시 베풀어 주신다. 하나님을 아는 우리의 지식과 그분을 향한 우리의 사랑이 자랄 수 있도록 하나님이 우리에게 베풀어 주신 것에는 어떤 것들이 있는가?

4. 하나님의 신실하심과 인자하심은 어떻게 당신의 영혼에 위로가 되는가?

5. 당신은 당신의 좋은 점, 나쁜 점, 추한 모습까지 속속들이 알면서도 당신을 사랑하고, 당신과 참되고 친밀한 우정을 나누고 있는 그런 사람들을 알고 있는가? 그러한 관계를 저해하는 요인이 있다면 무엇이겠는가?

6. 예수 그리스도께서는 사랑하는 신자인 당신을 대신하여 하나

님의 모든 명령과 율법을 온전히 신실하게 지키셨다. 오직 그분만을 당신의 구주와 주님으로 믿음으로써 그분의 완전한 순종의 업적과 공로가 당신의 것으로 여겨진다. 이러한 진리를 통해 당신은 어떻게 늘 '선한' 그리스도인인 척하는 것으로부터 자유롭게 될 수 있는가?

더 깊은 탐구

- 하나님의 신실하심에 관한 또 다른 성경 본문으로는 민수기 23:19; 신명기 7:9; 시편 36:5; 86:15; 100:5; 117:2; 145:13; 이사야 11:5; 49:7; 예레미야애가 3:22-23; 고린도전서 1:9; 10:13; 데살로니가전서 3:3; 디모데후서 2:19; 히브리서 10:23; 베드로전서 4:19; 요한일서 1:9; 요한계시록 19:11 등이 있다.

- 누군가에게 신실함이 부족하다는 것은 궁극적으로 믿음이 부족하다는 것을 뜻한다. 만약 당신에게 복음의 위대함에 대한 큰 믿음이 있다면, 당신은 하나님을 향해 더 신실할 것이다. 당신 자신이 원하는 만큼 신실하지 못하다고 생각된다면 변화를 가져오는 하나님의 은혜의 방편들, 곧 하나님의 말씀, 경건 서적 읽기, 기도, 성례, 영적 교제, 예배, 은혜의 공동체 등을 활용

해보라.

- E. Calvin Beisner, *Psalms of Promise: Celebrat-ing the Majesty and Faithfulness of God* (Phillipsburg, N.J.: P&R, 1994)도 보라.

28

하나님은 공의로우시다

묵상 본문

내가 여호와의 이름을 전파하리니 너희는 우리 하나님께 위엄을 돌릴지어다 그는 반석이시니 그가 하신 일이 완전하고 그의 모든 길이 정의롭고 진실하고 거짓이 없으신 하나님이시니 공의로우시고 바르시도다

—신명기 32:3–4

기도

하늘에 계신 아버지여, 이제 아버지의 공의를 숙고하기 위해 저의 지각과 마음을 고요하게 하오니, 그리스도의 죽음 안에서 치루어진 저의 죗값을 다시금 깨달게 하소서. 예수님은 아버지의 공의를 만족시키기 위해 아버지의 진노를 받으셨습니다. 하나님은 공의로우신 하나님이셔서 정의를 행하고, 인자를 사랑하며, 겸손하게 하나님과 동행할 것을 명하시니 감사를 드립니다. 하나님의 공의로우신 성품을 더욱 더 배우게 하시어 저로 하여금 아버지의 아들 예수님의 복음

안에 나타난 하나님의 완전한 은혜를 더욱 온전히 이해하게 하여주소서. 그리스도의 속죄의 피를 통해 저의 모든 죄를 용서하시며 저의 기도를 들어주소서. 아멘.

성경적 관점

하나님의 공의로우심은 서로 관련된 두 가지 방식으로 이해할 수 있다. 첫째, 공의 안에서 하나님은 공정하신 주이시다. 이 속성의 도덕적 규준은 하나님의 의로우심이다. 즉 하나님이 공의로우시다는 것은 그분이 온전한 도덕적 성품과 의로운 덕목을 갖고 계시다는 의미이다. 그러므로 그분의 주권적인 다스림 아래에서 죄가 처벌받지 않고 용인되는 일은 있을 수 없다. 로마서 1장 32절 말씀을 생각해 보라. "그들이 이같은 일을 행하는 자는 사형에 해당한다고 하나님이 정하심을 알고도 자기들만 행할 뿐 아니라 또한 그런 일을 행하는 자들을 옳다 하느니라."

하나님의 공의를 이해하는 두 번째 방법은 하나님이 보상과 형벌을 통해 자신의 공의로우신 성품을 나타내시는 것을 살펴보는 것이다. 시편 기자는 이렇게 선언한다. "능력 있는 왕은 정의를 사랑하느니라 주께서 공의를 견고하게 세우시고 주께서 야곱에게 정의와 공의를 행하시나이다"(시 99:4). 로마서 2장 6절에서 바울은 이렇게 말한다. "하나님이 각 사람에게 그 행한 대로 보응하시되."

하나님이 순종하는 자에게 보상하실 때, 그 보상은 공과를 엄격하게 따져서 주시는 것이 아니고 그분의 은혜의 약속에 기반하여 주시는 것이다. 이사야 선지자는 우리의 의를 "더러운 옷"(사 64:6)이라고 부른다. 하나님이 보상을 베푸시는 이유는 그분이 자신의 약속에 신실하신 하나님이시며, 믿음을 통해 그분의 의를 우리에게 입혀주시기 때문이다(창 15:6; 사 61:10; 빌 3:9 참조).

하나님이 죄를 벌하실 때, 그분의 공의는 거룩한 진노의 표현이다. 데살로니가후서 1장 8절 말씀에서 이를 볼 수 있다. "하나님을 모르는 자들과 우리 주 예수의 복음에 복종하지 않는 자들에게 형벌을 내리시리니." 루이스 벌코프(Louis Berkhof)는 "하나님이 죄를 벌하시는 주요 목적은 정의와 공의의 유지이다."라고 설명한다.[1]

하나님의 공의는 버림받은 자들에게는 두려움과 공포를, 구원받은 자들에게는 감사를 자아낸다. 신자인 우리는 "하나님이 우리를 세우심은 노하심에 이르게 하심이 아니요 오직 우리 주 예수 그리스도로 말미암아 구원을 받게 하심이라"(살전 5:9)라는 말씀 안에서 위로를 얻을 수 있다.

그렇다면 사람이 어떻게 하나님 앞에 "옳다" 인정을 받게 되는가? 당신이 하나님 앞에 의롭고 "죄 없다"고 인정받는 길은, 당신을 위해 완전한 삶을 사시고 당신의 죄의 대가를 치루기 위해 죽으신 예수님을 믿음으로만 가능하다. 그리스도인과 그리스도 사이에서 일어나는 이러한 전가의 목적이 로마서 3장에 다음과 같이 기술되어 있다. "이 때에 [하나님의] 의로우심을 나타내사 자기도 의로우

---

1 Berkhof, *Systematic Theology*, 76.

시며 또한 예수 믿는 자를 의롭다 하려 하심이라"(롬 3:26).

의로움은 하나님께 대한 완전한 순종을 통해서 얻는 공로이다. 그러나 우리는 완전하지도 않고 순종적이지도 않으므로 의롭지 않다. 하지만 예수님은 믿는 우리를 위하여 하나님의 모든 율법을 완전하게 지키셨다. 하나님이 율법을 통해 우리에게 명하신 모든 것을 다 이루신 것이다. 그 결과 그리스도께서 이루신 그 완전한 업적이 신자인 당신에게 전가되고, 하나님은 당신을 "의롭다"고 선언하신다. 왜냐하면 당신은 그분의 의로우신 아들과 하나로 연합되어 있기 때문이다. 이에 대해 사도 바울은 "하나님이 죄를 알지도 못하신 이를 우리를 대신하여 죄로 삼으신 것은 우리로 하여금 그 안에서 하나님의 의가 되게 하려 하심이라"(고후 5:21)라고 말한다. 이러한 주고받음은 하나님의 사랑과 은혜의 표현인 동시에 그분의 거룩한 공의를 만족시키기 위한 가장 효과적인 방편이기도 하다.

마지막으로 상한 자, 버려진 자, 가난한 자, 고아, 과부를 회복시키는 일과 하나님의 공의에 대해 이야기할 필요가 있다. 하나님은 버려진 자와 상한 자들을 돌보는 일을 하신다. 그런 사람들을 이른바 자기 백성의 '구제 사역'의 핵심 대상으로 보시는 것이다. 하나님의 말씀 안에는 억눌린 자들에게 자비와 공의를 베풀라는 권면과 명령이 가득하다. 그 중의 몇 가지만 살펴보자.

"고아와 과부를 위하여 정의를 행하시며 나그네를 사랑하여 그에게 떡과 옷을 주시나니"(신 10:18).

"선행을 배우며 정의를 구하며 학대 받는 자를 도와 주며 고아를 위하여 신원하며 과부를 위하여 변호하라 하셨느니라"(사 1:17).

"사람아 주께서 선한 것이 무엇임을 네게 보이셨나니 여호와께서 네게 구하시는 것은 오직 정의를 행하며 인자를 사랑하며 겸손하게 네 하나님과 함께 행하는 것이 아니냐"(미 6:8).

"화 있을진저 외식하는 서기관들과 바리새인들이여 너희가 박하와 회향과 근채의 십일조는 드리되 율법의 더 중한 바 정의와 긍휼과 믿음은 버렸도다 그러나 이것도 행하고 저것도 버리지 말아야 할지니라"(마 23:23).

"하나님 아버지 앞에서 정결하고 더러움이 없는 경건은 곧 고아와 과부를 그 환난중에 돌보고 또 자기를 지켜 세속에 물들지 아니하는 그것이니라"(약 1:27).

이처럼 하나님의 공의는 하나님의 성품의 일부이다. 이것은 의에 대한 보상과 죄에 대한 형벌로 표현된다. 또한 하나님의 공의는 그분의 백성 가운데 공평함을 보고자 하시는 열망이기도 하다. 당신이 하나님의 공의를 묵상함으로써 당신 주변의 일그러진 세상 속에서 그분의 긍휼과 공의를 드러내기를 소망한다.

생각해볼 질문

1. 공의로우신 하나님이 반드시 죄를 벌하셔야만 하는 이유는 무엇인가?

2. 당신과 하나님 사이에 화목을 이루는 일에 공의는 어떤 역할을 하는가? 예수님은 그 화목을 위해 어떤 역할을 하시는가?

3. 예수님이 우리를 대신하여 십자가에 달리시기 위해 완전하고 의로우셔야만 했던 이유는 무엇인가?

4. 이번 장의 본문인 신명기 32장에서는 하나님이 신실하고 공의로우시다고 말한다. 이 두 가지 속성은 서로 어떤 관계가 있는가? 만약 하나님이 그저 가끔씩만 공의로우시다면 어떻겠는가? 그분께 이 두 가지 속성이 항상 같이 있어야 하는 이유는 무엇인가?

5. 우리는 하나님의 형상으로 창조되었다(창 1:27). 그것은 우리가 그분의 성품을 반영해야 함을 뜻한다. 당신은 어떻게 하나님의 공의를 세상 속에서, 특히 가난한 자, 버려진 자, 과부, 고아들을 향해 실천적으로 반영할 수 있는가?

더 깊은 탐구

- 하나님의 공의에 관한 또 다른 성경 본문으로는 신명기 7:9-13; 역대하 6:15; 시편 99:4; 이사야 1:17; 3:10-11; 미가 6:8; 7:20; 마태복음 25:41; 로마서 1:32; 2:6; 6:23; 고린도전서 4:7; 데살로니가전서 1:8; 베드로전서 1:17 등이 있다.

- 버려진 자, 가난한 자, 상한 자들에게 "공의를 행하는 것"은 단지 동정심의 문제가 아니라 순종의 문제이다.

- "화목제물"(롬 3:25; 요일 2:2 참조)이라는 단어의 정의를 찾아보라. 이것은 하나님의 공의와 어떤 관계가 있는가?

- J. I. Packer, *Knowing God* (Downers Grove, Ill.: IVP Books, 1993)을 보라.

29

하나님은 질투하신다

묵상 본문

너는 다른 신에게 절하지 말라 여호와는 질투라 이름하는 질투의 하나님임이니라

—출애굽기 34:14

기도

하늘에 계신 아버지여, 이제는 성경이 아버지의 거룩하신 질투에 대해 말씀하는 바를 묵상하고자 합니다. 백성들의 삶 가운데서 친히 영광을 얻고자 하시는 하나님의 질투의 성품을 생각해보고자 하오니, 저희에게 겸손과 통회하는 마음을 허락해 주소서. 인간 중심적인 생각과 감정에서 벗어나 하나님 중심적인 마음을 갖게 하여 주소서. 그리하여 하나님의 영광이 저의 가장 큰 기쁨이자 목표가 되게 하여 주소서. 모든 우상을 버리고 하나님 앞에 다른 신들을 두지 않도록 저를 도우소서. 아버지는 제 마음이 아버지를 향해 어떤 열매를 맺어야 하는지 아시오니, 제게 은혜를 베풀어 주시고 주님의 진리로 저를

이끌어 주소서. 그리스도의 이름으로 기도합니다. 아멘.

성경적 관점

라헬과 레아 사이의 질투(창 29-30장)나 요셉의 형들이 보였던 시기심(창 37장)을 생각해보면 인간들 사이의 질투심은 격정적인 사랑이나 분노의 불길이 될 수 있음을 보게 된다(잠 6:34; 아 8:6). 하지만 무한하고 영원하며 불변하는 영이신 하나님이 우리처럼 격정적인 감정으로 동요하시는 일은 있을 수 없다. 인간의 질투심은 파괴적으로 치닫거나 죄에 뿌리를 두고 있는 경우가 많지만(욥 5:2; 잠 6:34; 약 3:14, 16), 하나님의 말씀과 그분을 예배하는 일의 영광을 위하여 의로운 질투심이 불타오르는 일도 있다(시 69:9; 119:139). 우리는 예수 그리스도께서 채찍을 만들어 성전을 정화하시는 모습 속에서 그런 경우를 보게 된다(요 2:17). 따라서 '질투하다'라는 말은 긍정적인 의미로는 '열심을 갖다'라는 뜻으로도 이해할 수 있다. 하나님은 이렇게 말씀하셨다. "나 네 하나님 여호와는 질투하는 하나님이니"(출 20:5; 신 5:9).

우리는 하나님의 질투를 백성들의 삶 속에서 친히 영광을 받고자 하시는 그분의 무한한 열심이라고 정의내릴 수 있다. 하나님의 질투는 그분의 거룩하심(수 24:19)에서 비롯되는 열렬한 에너지이다. 그 거룩하심으로 말미암아 하나님의 질투는 그분의 진노와 사랑에 불을 붙임으로써 강력한 행동으로 나타난다. 하나님은 "내가 이제 내 거룩한 이름을 위하여 열심을 내어" 사람들 앞에 "거룩함을 나타낼 때" 그들이 "내가 여호와 자기들의 하나님인 줄을 알리라"(겔 39:25, 27-28)라고 말씀하셨다.

성경에는 하나님의 질투를 그림처럼 보여주는 세 가지 표현들이 등장한다. 첫째는 **아내와의 배타적인 관계를 유지하기 위해 열심을 내는 남편의 모습이다**. 에스겔서에 등장하는 두 가지 비유는 이스라엘을 간음하는 아내로 묘사함으로써 하나님의 질투와 분노를 표현하고 있다(겔 16:38, 42; 23:25). 선지자가 그려내고 있는 이 생생한 이미지는 다른 신들이나 우상을 섬기는 것에 대한 하나님의 직접적인 경고이다. 하나님은 "질투"하시며 다른 신을 "음란히 섬기는 일"을 용납하지 않으실 것이다(출 20:5; 34:14-16). 하나님의 백성은 언약으로 그분에게 묶여 있다. 즉 우리는 오직 그분의 것이다. 어떠한 피조물이나 형상도 그 성스러운 관계를 침범할 수 없다(신 32:16, 21; 수 24:19-20). 하나님은 당신이 오직 그분만을 예배하고 오직 그분만을 가장 사랑하기를 진심으로 원하시며, 누구도 하나님의 이러한 권리를 침해하는 것을 허락하지 않으신다.

하나님의 질투에 관한 두 번째 그림은 **전장을 향해 맹렬하게 달려가는 용사의 모습이다**. 이사야서 42장 13절은 "여호와께서 용사 같이 나가시며 전사 같이 분발하여 외쳐 크게 부르시며 그 대적을 크게 치시리로다"라고 말한다. 하나님은 공의와 구원, 그리고 보복과 "열심"(사 59:17)을 입은 거룩한 용사이시다. 이처럼 질투심을 군인의 모습으로 묘사한 것은 하나님이 그분의 영광스럽고 거룩한 본성에서 우러나오는 지치지 않는 열심과 불굴의 동기로 그분의 원수를 무찌르신다는 것을 알려 주기 위함이다.

세 번째 모습은 **하나님의 질투를 불로 묘사한 것**인데, 때로는 사랑의 불(아 8:6)로 때로는 분노의 불(신 29:20; 시 79:5)로 표현된다. "네 하나님 여호와는 소멸하는 불이시요 질투하시는 하나님이시니라"(신 4:24)라는 말씀에서 보듯이 하나님의 존재 그 자체가 곧 질투의 불이시다. 이 불이라는 매개체를 통해 하나님의 질투와 그분의 임재를 나타내는 성경의 주된 상징(불 기둥, 레 9:23-10:2; 느 9:12; 사 4:5; 막 9:7)이 연결된다. 질투심을 이렇게 그려냄으로써 그분의 백성 가운데 거하시는 하나님의 애정이 무한히 강렬하다는 것을 드러내 보여 준다.

하나님의 질투는 죄인을 벌하시는 그분의 진노와 맞물려 있는 경우가 많다(신 6:15; 수 24:19-20; 나 1:2). 그러한 진노는 주로 이스라엘 안에서 언약을 어기는 자들에게 향하는 경우가 많지만, 하나님은 온 땅이 "나의 질투의 불"(습 3:8)에 소멸되리라고 말씀하기도 하셨다. 하지만 하나님의 질투는 또한 자기 백성을 구원하고자 하시는 열심으로 드러나기도 한다(사 59:17). "만군의 여호와의 열심"은 그 백성이 구원을 얻고 영원한 왕국을 누리게 될 것에 대한 보증이다(왕하 19:31; 사 9:7; 37:32). 하나님은 그분의 거룩하신 이름에 대한 질투심을 통하여 그리스도 안에서 자신의 영광을 드러내기로 뜻하셨다. 곧 그분의 원수들을 멸하고 한 백성을 속량하심으로써, 그들이 그분의 열심 있는 사랑에 대하여 온 마음을 다한 사랑으로 반응하게 하는 것이다(딛 2:13-14).

하나님의 질투라는 교리를 통하여 우리는 하나님의 사랑과 증오는 한없이 확고하고 강렬함을 배우게 된다. 하나님은 어떠한 경우에도 그분이 뜻하신 일에 대하여 미온적인 태도를 보이는 분이 아니시다. 그분의 본질 자체가 측량할 수 없는 사랑의 영원한 행동이다(요일 4:8).

하나님의 질투가 그리스도인의 삶에 어떠한 영향을 미치는지 야고보서 4장 말씀을 통해 생각해보자. 첫째, **우리는 경건하지 않은 욕망과 소욕을 회개해야 한다**. 야고보는 어떤 교회에도 있을 법한 문제점을 지적한다. "너희 중에 싸움이 어디로부터 다툼이 어디로부터 나느냐 너희 지체 중에서 싸우는 정욕으로부터 나는 것이 아니냐"(1절). 견제되지 않은 정욕의 비옥한 토양 위에 꽃피우는 다툼, 탐심, 세상과 벗되는 것(3-4절) 등의 죄로 인해 여러 교회와 가정이 파괴되어 왔다. 그러면 하나님이 그분의 거룩하고 불타는 질투로 자기 백성을 "간음한 여인들아"(4절)라고 고발하신다. 이어서 야고보는 이렇게 묻는다. "너희는 하나님이 우리 속에 거하게 하신 성령이 시기하기까지 사모한다 하신 말씀을 헛된 줄로 생각하느냐"(5절). 이것은 하나님의 거룩한 질투를 일깨워주는 경종으로서, 세상을 좇는 부패한 마음에서 돌이켜 하나님의 사랑으로 돌아오라는 외침이다. 우리가 하나님께 가까이하는 것을 참으로 사모하시는 성령께서 마음의 적어도 일부를 세상으로 채우는 우리의 죄를 깨닫게 하실 것이다.

둘째, **우리는 거룩함과 겸손을 추구해야 한다**. 야고보는 세속에 물든 것을 회개하라고 요청하는 동시에 긍정적인 지침을 제시한다. "그러나 더욱 큰 은혜를 주시나니 그러므로 일렀으되 하나님이 교만한 자를 물리치시고 겸손한 자에게 은혜를 주신다 하였느니라"(6절). 우리는 하나님이 우리가 예배하는 것, 우리가 사모하는 것, 우리가 선택하는 것, 우리가 하나님의 영광을 위해 헌신하는 것에 대해 얼마나 강렬하게 질투하시는지 깨달을 때, 비로소 생의 전부를 뒤흔드는 거룩함이 우리에게 얼마나 필요한지 느끼게 된다. 거룩함과 하나님의 사랑을 보다 더 지속적이고 의지적으로 추구하기 위한 은혜를 하나님께 겸손히 구하자. 겸손히 은혜를 구하는 것은 수동적이지 않고 능동적인 행위를 수반한다. 우리는 하나님께 복종하여야 하고, 마귀를 대적해야 하며, 하나님을 가까이 해야 하고, 손을 깨끗이 하여야 하며, 슬퍼하며 애통하며 울어야 한다(7-9절). "주 앞에서 낮추라 그리하면 주께서 너희를 높이시리라"(10절)라는 약속은 우리를 더욱 분발하게 해준다.

셋째, **다른 신자들과 일치를 이루기 위해 노력해야 한다.** 야고보가 질투하시는 하나님의 손 아래에서 겸손히 회개할 것을 촉구하는 문맥에 "너희 중에 싸움과 다툼"이 있고, 또 "형제를 비방하는 자나 형제를 판단하는" 신자들이 등장한다(1, 11절). 하나님의 질투는 우리가 그분을 사랑하지 않을 때뿐 아니라, 우리가 세속의 정욕에 빠져 서로를 사랑으로 대하지 못할 때에도 불타오를 것이다.

생각해볼 질문

1. 분노와 어리석음에서 비롯되는 파괴적인 인간적 질투를 보여주는 성경의 구절들을 생각해보라(욥 5:2; 잠 6:34; 14:20; 24:1; 약 3:14, 16). 하나님의 질투는 그 근원과 동기, 방식과 목표 등에 있어서 인간의 질투와 어떻게 다른가?

2. 하나님의 질투를 통해서 인간의 의로운 질투와 불의한 질투를 구분하는 데 어떠한 도움을 얻을 수 있는가?

3. "너희는 하나님이 우리 속에 거하게 하신 성령이 시기하기까지 사모한다 하신 말씀을 헛된 줄로 생각하느냐"(약 4:5)라는 말씀을 통해 성령께서 우리가 하나님을 가까이하기를 얼마나 사모하시는지 생각해보라. 그리고 세상 것으로 마음이 나누이는 것이 죄악됨을 생각해보라. 당신의 삶 속에서 당신과 하나님 사이의 친교를 방해하는 것으로는 어떤 것이 있는가?

4. 하나님의 거룩하신 질투와 우리가 겸손히 거룩함을 추구해야 할 필요 사이에는 어떤 관계가 있는가?

5. 하나님의 거룩하신 질투와 우리가 다른 신자들을 사랑하고 그들과의 일치 안에서 살아가야 하는 부르심 사이에는 어떤 관계

가 있는가?

더 깊은 탐구

- 하나님의 질투에 관한 또 다른 성경 본문으로는 출애굽기 9:16; 신명기 4:23-25; 6:14-15; 29:18-20; 32:16, 21-22; 열왕기상 14:22-23; 시편 78:58; 79:5; 에스겔 8:3, 5; 20:14; 23:25; 36:5; 38:19; 요엘 2:18; 스바냐 1:18; 3:8; 스가랴 1:14-16; 고린도전서 10:21-22; 고린도후서 11:2; 히브리서 10:27 등이 있다.

- 에릭 톤즈는 다음과 같이 말한다. "현대 사회의 소비자 사고방식(consumer mentality)과 인간 중심주의로 인해 우리는 하나님의 영광보다 우리의 관심사를 더 우선적으로 여기기 십상이다. 유행에 뒤쳐지지 않고 사람들의 환심을 사고 싶은 욕망 때문에 교회 안에 마케팅 사고방식(marketing mentality)이 더 힘을 얻게 되고 하나님의 영광에 대한 질투심은 부족해진다. 세속적 심리학과 거기서 파생되는 자기중심적 치유법의 영향을 짙게 받은 목회 역시 그리스도의 회중이 하나님의 영광을 최고의 목적으로 삼지 못하도록 만든다. 이러한 여파로 인해 교회는 하나님께 영광을 돌리는 공동체가 아닌 실용주의적 자기계발 모임

으로 전락하게 된다. 이와 반대로 하나님의 백성이 그분의 영광을 진심으로 바라고 나누이지 않은 마음으로 오직 하나님만을 예배한다면, 그들은 하나님의 질투를 닮은 경건한 질투심을 경험할 것이다." 히스기야, 여호야다, 요시야의 개혁에서 "가장 중심이 되는 정서적 동기는 하나님의 이름을 위한 질투, 그리고 예배를 받을 권리를 독점하시는 하나님의 권리에 대한 거룩한 질투였다."[1]

• K. Erik Thoennes, *Godly Jealousy: A Theology of Intolerant Love* (Fearn, Ross-shire, Scotland: Christian Focus, 2005)도 보라.

---

1 Erik Thoennes, "Redeeming Jealousy: The Glory of God's Exclu-sive Love," Desiring God, July 15, 2019, accessed February 6, 2020, https://www.desiringgod.org/articles/redeeming-jealousy.

30

하나님은 동정하신다

묵상 본문

그들의 모든 환난에 동참하사 자기 앞의 사자로 하여금 그들을 구원하시며 그의 사랑과 그의 자비로 그들을 구원하시고 옛적 모든 날에 그들을 드시며 안으셨으나

—이사야 63:9

기도

은혜로우시고 오래 참으시는 여호와시여, 저를 동정하시고, 죄 가운데 있는 저의 고통을 하감하사 저를 구원하기 위해 예수님을 보내시고, 또한 성령님을 보내시어 제 마음에 복음의 능력을 가져다주셨으니, 이에 주님을 경배합니다. 주님이 행하시는 거룩한 일들 안에 긍휼이 넘치는 동정심이 가득합니다. 주님의 그 동정심을 바라봄으로써 죄와 고통에 시달리는 자들을 충분히 동정하며 대하게 하여 주소서. 구원을 이루시는 주님의 동정심이 심히 큽니다. 예수님의 이름으로 기도합니다. 아멘.

성경적 관점

동정하시는 하나님에 대해 묵상하고자 한다면 출애굽기를 살펴보아야 한다. 하나님이 그분의 백성을 구출해 내시는 이야기는 애굽에서 종으로 살며 고통받던 그들의 외침에서부터 시작하기 때문이다. 하나님이 취하신 처음 행동 중의 하나는 그분의 동정심을 두드러지게 보여준다. "하나님이 그들의 고통 소리를 들으시고…그의 언약을 기억하사 하나님이 이스라엘 자손을 돌보셨고 하나님이 그들을 기억하셨더라"(출 2:24-25). 하나님은 "내가 내 백성의 고통을 분명히 보았다"고 말씀하셨고, 또한 "그 근심을 알고 내가 내려가서 그들을 애굽인의 손에서 건져내고"라고 말씀하셨다(출 3:7-8). 몇 세기 후에 바벨론 포로에서 돌아오던 사람들은 자기 백성의 고통을 듣고 보고 아시는 이 하나님을 "우리 조상들이 애굽에서 고난 받는 것을 감찰하시며 홍해에서 그들의 부르짖음을 들으시는"(느 9:9) 분이라고 지칭했다. 마찬가지로 시편 기자 역시 그 백성이 수없이 그분을 진노케 했음에도 "그러나 여호와께서 그들의 부르짖음을 들으실 때에 그들의 고통을 돌보시며"(106:44)라고 말한다. 형언할 수 없는 하나님의 동정심을 보라!

어떻게 하나님의 동정심은 자기 백성이 당하고 있는 고통의 깊이를 그토록 온전히 공감하실 수 있는 것일까? 이에 대하여 이사야 선지자는 "그들의 모든 환난에 동참하사…그의 사랑과 그의 자비로 그들을 구원하시고 옛적 모든 날에 그들을 드시며 안으셨으나"(사 63:9)라고 설명한다. 하나님이 자기 백성에게 자비를 베푸시어 그들이 애굽에서 받고 있던 억압을 마치 그분 자신이 억압 받는 것처럼 여기셨다는 점은 참으로 놀라운 일이다. 이것은 하나님이 친히 괴로움을 경험하신다는 의미라기보다는, 이사야의 설명과 같이 하나님이 고난 받는 자기 백성에 대한 "사랑"과 "자비"의 마음으로 그들을 구원해 내신다는 뜻이다. 그들의 괴로움을 세심하게 느끼고 계시는 것을 "간곡한 자비"와 "사랑"이라는 내면의 깊은 감정으로 표현하였다(15절).

하나님의 자비로우신 마음은 구원 역사의 동력이 된다. 고통 받는 자들에 대한 하나님의 자비 가운데서 그분의 선하심이 나타나는 일이 수도 없이 거듭된 것이다. 하나님은 그분의 백성이 당하고 있는 고난을 동정어린 마음으로 지켜보고 계셨기에 그들을 돕고 구원해 내셨다.

하나님의 자비로우신 마음은 죄인이 회개하고 구원 받는 것을 기뻐하신다. 이스라엘 백성은 자기들이 열방의 신들을 섬김으로써 하나님께 죄를 지었음을 깨닫고서 "다른 신들"을 버리고 주님께 구원을 호소하였다. 하나님은 그 백성이 징계를 받아 고통 가운데 있는 모습을 보시고는 "이스라엘의 곤고로 말미암아 마음에 근심하시니라"(삿 10:16)라고 하셨다. 여기서 "마음"(soul)이라는 단어를 사용한 것은 대담한 신인동형론적 표현(Anthromorphism, 하나님께 대해 인간적인 용어를 적용하는 수사법)으로서, 회개하는 자들을 구원하고자 하시는 하나님의 간절함을 전달하기 위함이다. 하나님은 그분께 다시 돌아오는 사람들을 맞아 주시고 그들에게 복을 주시기를 기뻐하신다(눅 15:20).

동정하시는 하나님은 택하신 백성이 그분께로 돌아서기 전에 먼저 그들에게 다가가신다. 거룩하신 하나님은 언약을 어기지 않으시며 자기 백성이 죄를 지었음에도 그들을 구원하신다. 하나님의 동정심은 이랬다 저랬다 하는 가볍고 변덕스런 기분을 반영하지 않으며, 택하신 자들을 향해 신실하고 변함 없는 사랑을 반영한다.

하나님의 동정심은 우리에게 그분을 예배하고, 모든 역경 중에 그분을 찾으며, 다른 이들을 동정하며, 구원 역사를 주의 깊게 묵상하라고 요청한다. 첫째, **하나님의 동정심은 예배를 불러 일으킨다.** 하나님의 백성은 하나님이 "그들의 고통을 돌아보셨다"는 것과 그들을 구원하기 위해 나서셨다는 사실을 알게 될 때 "머리 숙여 경배하였다"(출 4:31). 우리 역시 우리 죄의 결과로 겪어야만 했던 고통을 계속해서 되새기고, 그리스도께서 우리를 죄로부터 자유케 하기 위해 자신을 화목제물로 드리셨음을 기억해야만 한다. 우리 함께 마음 가득히 감사를 담아 그분을 예배하자.

둘째, **하나님의 동정심은 마치 자석과 같이 우리의 모든 곤경과 비애 중에 그분을 찾도록 우리를 끌어당긴다**. 하나님은 그분의 자녀들에게서 멀리 떨어져 계시지 않으며, 우리를 향한 인자하심과 애정이 넘치는 분이다. 시편 34장 17-18절은 이렇게 말한다. "의인이 부르짖으매 여호와께서 들으시고 그들의 모든 환난에서 건지셨도다 여호와는 마음이 상한 자를 가까이 하시고 충심으로 통회하는 자를 구원하시는도다." 끊임 없이 밀려오는 파도와 같은 시련 속에서 다음과 같은 귀중한 약속을 기억하라. "그러므로 하나님의 능하신 손 아래에서 겸손하라 때가 되면 너희를 높이시리라 너희 염려를 다 주께 맡기라 이는 그가 너희를 돌보심이라"(벧전 5:6-7).

셋째, **우리는 약한 자와 고통 받는 자들에게 동정심을 베풂으로써 죄인을 향한 하나님의 동정심을 닮아가야만 한다.** 우리 모두 그러해야 한다. 왜냐하면 하나님의 언약 백성은 어떤 식으로든 약하고 고통 중에 있을 때 그분의 동정심을 경험했기 때문이다. 그러므로 우리는 "서로 친절하게 하며 불쌍히 여기며 서로 용서하기를 하나님이 그리스도 안에서 너희를 용서하심과 같이 해야"(엡 4:32) 한다.

넷째, **하나님의 동정심은 성경을 주의 깊게 연구할 것을 요청한다.** 특히나 시험을 만날 때 더욱 그러해야 할 것이다. 구원 역사 가운데 하나님이 동정심을 베푸신 발자취를 찾아 그것을 우리의 상황에 적용할 수 있는 사람이 되도록 하자. 역경 중에 있던 이스라엘의 부르짖음에 응답하셨던 하나님의 은혜에서부터, 고통 당하는 자를 구원하기 위해 보냄 받으신 그리스도의 구유와 십자가를 지나, 부활하신 우리의 대제사장께서 지금도 우리를 위해 중보하고 계시는 하나님의 보좌 우편에 이르기까지(히 4:14-16), 구원 역사 가운데 나타난 하나님의 동정심이 우리의 인생길에서 마주치는 실망의 목소리보다 더욱 더 크게 우리의 마음과 지각 속에 울려 퍼지기를 기원한다.

생각해볼 질문

1. 최근 몇 년 사이에 하나님이 당신에게 동정심을 드러내신 구체적인 사안들 몇 가지를 잠시 묵상해보고 그것을 기록해보라.

2. 구원 역사 가운데 하나님이 "그들의 모든 환난에 동참하사"(사 63:9) 동정심을 드러내신 놀라운 일에 대해 생각해보라. 이를 통해 당신의 현재 상황 속에서 어떻게 하나님의 동정심을 찬양하게 되는가?

3. 하나님은 그분의 백성에 대한 동정심에 의해 행동을 감행하기도 하시는 동시에 불변하신다는 사실이 왜 중요한가?

4. 그리스도의 동정심은 우리를 불쌍히 여기고자 하는 그분의 의지이자 또한 그렇게 할 수 있는 능력이라는 사실을 생각하라. 못에 찔린 바로 그 몸과 배반으로 상처 입은 그 마음이 지금은 하나님 우편에 계시면서 그분을 통해 하나님께 가까이 나아가는 모든 이들을 위해 은혜를 얻게 하신다. 그리스도께서는 모든 것을 아시고, 이해하시며, 도우실 수 있다. 이러한 진리가 당신에게 어떤 영향을 미치는가?

5. 앞에서 살펴본 적용점들 중에 당신의 현재 상황에 가장 중요

하게 적용할 수 있는 것은 어떤 것인가? 이번 장에서 제시되지 않은 또 다른 적용점으로는 어떤 것이 있겠는가?

더 깊은 탐구

- 하나님의 자비로우심에 관한 또 다른 성경 본문으로는 시편 78:38-39; 86:15; 103:13; 예레미야애가 3:22-23; 미가 7:19; 마태복음 9:36; 14:14; 마가복음 6:34; 누가복음 15:20; 고린도후서 1:2-4; 골로새서 3:12 등이 있다.

- 하나님의 동정심(compassion)은 신성의 고난(passion)받음을 요구하지 않는다. 그리스도의 십자가는 신성의 고난을 보여주는 것이 아니라 하나님의 뜻의 성취를 보여준다(사 53:10-11; 골 1:19-20). 사도행전 9장 4절에서 그리스도께서 "사울아 네가 어찌하여 나를 박해하느냐"라고 말씀하신 것은 고난 받는 분으로서 호소하신 것이 아니라 주권자로서 소환장을 발부하신 것이다. 하나님의 동정심(compassion)의 핵심은 신성의 고난(passion)이 아니라 구원하고 심판하시는 신성의 능력이다. 그러므로 우리는 "오직 고난 당하시는 하나님만이 도우실 수 있다(Only the suffering God can help)."고 말한 디트리히 본회퍼(1906-1945)의 말에 동의할 수 없다.[1] 그렇지만 우리는 또한 하나님의 동정심을

과잉수정하거나 혹은 부정하지 않도록 주의해야 한다. 우리는 하나님의 영광과 인간의 유익을 위해 하나님의 불변성을 선언한다. 하나님은 그분의 백성과 함께 고통 받으면서 감정의 롤러코스터를 타지 않으신다. 하나님의 백성은 불변하시는 하나님 안에서 늘 한결 같은 힘과 꾸준함, 안정감, 그리고 비탄에 빠진 자들에게 보이시는 특별한 애정을 발견할 수 있다. 하나님은 사랑과 자비 가운데 그분의 피조물과 온전한 관계를 맺으시지만, 그분이 친히 고통을 당하시거나 변하시지는 않는다.[2]

- Joshua Mack, *Compassion: Seeing with Jesus' Eyes* (Phillipsburg, N.J.: P&R, 2015); Rob Lister, *God is Impas-sible and Impassioned: Toward a Theology of Divine Emotion* (Wheaton, Ill.: Crossway, 2013); *Thomas G. Weinandy, Does God Suffer?* (Notre Dame, Ind.: University of Notre Dame Press, 2000)도 보라.

---

1 Dietrich Bonhoeffer, *Works, Volume 8, Letters and Papers from Prison* (Minneapolis: Fortress, 2009), 479.

2 Thomas G. Weinandy, *Does God Suffer?* (Notre Dame, Ind.: Uni-versity of Notre Dame Press, 2000), 165.

31

하나님은 영광스러우시다

묵상 본문

어두운 데에 빛이 비치라 말씀하셨던 그 하나님이 예수 그리스도의 얼굴에 있는 하나님의 영광을 아는 빛을 우리 마음에 비추셨느니라 우리가 이 보배를 질그릇에 가졌으니 이는 심히 큰 능력은 하나님께 있고 우리에게 있지 아니함을 알게 하려 함이라

—고린도후서 4:6–7

기도

영광의 하나님, 주님은 지고하시며, 주님은 주의 여러 성품 가운데 영광스러우십니다. 주님께서는 온 우주 가운데 가장 값진 보화이시며, 주님의 은혜로 말미암아 저의 보화가 되셨습니다. 저는 쉽게 부서지는 한낱 연약한 질그릇에 불과하나 주님께서 제 안에 주님 자신과 복음의 영광을 두시어 무엇과도 비할 수 없는 크신 능력이 주님께 있음을 보이셨습니다. 이제 주님의 영광을 묵상하고자 하오니 은혜의 보좌 위에 계신 주님에 대한 경탄과 외경심으로 저를 가득 채

워 주소서. 그리스도의 이름으로 기도합니다. 아멘.

▬ 성경적 관점

하나님의 영광은 그분의 신적인 본질과 궁극적 위대함을 구체적으로 언급하는 말이다. 즉 하나님께 있는 여러 측면의 완전함의 총합을 나타내는 말이다. 태양으로부터 빛줄기가 뻗어 나오듯 하나님의 성품으로부터 영광의 빛줄기가 비춰진다. 이것을 사도 요한은 다음과 같이 설명한다. "성 안에서 내가 성전을 보지 못하였으니 이는 주 하나님 곧 전능하신 이와 및 어린 양이 그 성전이심이라 그 성은 해나 달의 비침이 쓸 데 없으니 이는 하나님의 영광이 비치고 어린 양이 그 등불이 되심이라"(계 21:22-23). 그렇다면 하나님의 영광은 곧 그분의 본성의 드러남이다.

성경 곳곳에서 하나님은 그분의 주권적인 역사와 그분의 계시, 그분의 언약의 약속들을 그분의 이름과 관련지어 언급하신다. 하나님의 영광을 그분의 이름과 관련짓고 있는 구절들을 생각해보자.

> "여호와께 그의 이름에 합당한 영광을 돌리며 거룩한 옷을 입고 여호와께 예배할지어다"(시 29:2).

> "온 땅이여 하나님께 즐거운 소리를 낼지어다 그의 이름의 영광을 찬양하고 영화롭게 찬송할지어다"(시 66:1-2).

"우리 구원의 하나님이여 주의 이름의 영광스러운 행사를 위하여 우리를 도우시며 주의 이름을 증거하기 위하여 우리를 건지시며 우리 죄를 사하소서"(시 79:9).

하나님의 이름은 마치 그분의 성품과 약속, 그리고 강력한 역사를 가리켜 보여주는 이정표 같은 역할을 한다. 다시 말해서 "그분의 이름을 찬양한다"는 말은 그분의 영광스러운 속성들을 찬양한다는 말이다.

사실 "하늘이 하나님의 영광을 선포하고 궁창이 그의 손으로 하신 일을 나타내는도다"(시 19:1)라는 말씀에서 알 수 있듯이, 창조 그 자체가 하나님의 영광을 증거한다. 이사야 선지자도 주님의 이상을 보고 놀라며 스랍들이 선포하는 내용을 전한다. "거룩하다 거룩하다 거룩하다 만군의 여호와여 그의 영광이 온 땅에 충만하도다"(사 6:3). 결국 창조 세계는 길을 안내하는 이정표처럼 그분의 완전한 성품과 속성들을 가리킨다.

이와 유사하게 성경은 하나님께 "영광을 돌리는 일"이나 그분을 "영화롭게 하는 일"에 대해 말한다. "여호와께 영광을 돌리며 섬들 중에서 그의 찬송을 전할지어다"(사 42:12). 이런 의미에서 보면 하나님께 영광을 돌리는 것은 그분의 가치나 성품, 혹은 그분의 존재 자체를 찬양하는 것을 의미한다. 사실 우리는 우리 삶의 모든 일 가운데서 그분께 영광과 찬송을 돌리려고 해야 한다. 이는 사도 바울이 "그런즉 너희가 먹든지 마시든지 무엇을 하든지 다 하나님의 영광을 위하여 하라"(고전 10:31)라고 말한 것과 일맥상통한다. 그러나 우리가 하나님께 영광을 "드린다"는 말은, 문자 그대로 마치 그분의 거룩하심이나 위대하심에 어디 모자란 부분이라도 있는 것처럼 우리가 그분께 무언가를 드리는 것이 아니다. 오히려 그분의 위대하심과 완전하심을 인정하며 찬양하는 것이다. 하나님의 성품이 드러날 때 우리가 거기에 응답하며 드리는 영광은 찬송과 동의어라고 할 수 있다(빌 1:11). 우리가 그분의 이름에 "영광을 돌리는 것"(시 86:9; 눅 2:20 참조)은 그분을 찬송하고 오직 그분만을 유일하고 참된 살아 계신 하나님으로 높여드리는 것이다.

그러나 하나님의 영광이 가장 위대하게 나타난 곳은 바로 그분의 영원하신 아들 예수 그리스도의 성육신(하나님이 사람이 되심) 안에서다. 예수님 안에서 우리는 하나님의 여러 성품이 온전히 드러나는 것을 보게 된다. 예수님이 하나님의 영광에 이르지 못한(롬 3:23) 죄인들을 취하시어 그들의 "영광의 소망"(골 1:27)이 되어 주셨다. 다시 말해, "아버지께서는 모든 충만으로 예수 안에 거하게 하시고"(골 1:19), 그분의 성령을 통하여 우리 마음 가운데 거처를 삼으셨다(갈 4:6). 예수님은 우리가 하나님의 은혜의 보좌 앞으로 나아가게 하실 뿐만 아니라(히 4:16), 영광 그 자체(우리의 천국 본향)에 들어가게 하신다(골 3:4).

사도 바울은 "우리가 다 수건을 벗은 얼굴로 거울을 보는 것 같이 주의 영광을 보매 그와 같은 형상으로 변화하여 영광에서 영광에 이르니 곧 주의 영으로 말미암음이니라"(고후 3:18)라고 말한다. 마찬가지로 그는 예수님이 친히 "우리의 낮은 몸을 자기 영광의 몸의 형체와 같이 변하게 하시리라"(빌 3:21)라고 말한다. 순례자의 길을 걷는 우리는 믿음의 주요 또 온전하게 하시는 이(히 12:2)를 바라보며 하나님의 임재 안에서 영화롭게 될 때까지(롬 8:30) 이 고난의 삶을 계속해서 걸어 나가는 것이다.

생각해볼 질문

1. 고린도후서 4장 6절의 "어두운 데"는 무엇을 가리키는 것이라고 생각하는가? 사도 바울은 이 어두움을 인간성의 어떤 부분과 관련시키고 있는가? 누가복음 11장 34-36절, 요한복음 3장 19절, 로마서 1장 21절, 에베소서 4장 18절을 읽어보라. 이 구절들은 "어둠"의 본성에 대해 무엇을 말하고 있는가?

2. 고린도후서 4장 6절의 "빛"이란 무엇인가?

3. 우리는 어떻게 예수 그리스도의 얼굴에 있는 하나님의 영광을 아는 빛을 얻게 되는가?

4. 하나님은 우리에게 무엇을 "알게" 하시는가?

5. 하나님의 속성과 성품이 나타나는 것이 그분의 영광이라면, 그

영광은 어떻게 “예수 그리스도의 얼굴에” 나타나는가? 조금 더 구체적으로(그리고 좀 더 깊이) 말해보자면, 어떻게 예수님의 인격과 사역 안에서 하나님의 사랑과 거룩하심이 모두 나타나는가?

6. 고린도후서 4장 7절에서 사도 바울은 복음을 질그릇에 담긴 보배에 비유하고 있다. 토기나 항아리 같은 것들을 생각할 때 어떤 이미지가 떠오르는가? 7절에서 바울이 토기를 죄악되고 상한 신자들과 동일시하는 것은 어떤 논리에 근거한 것인가?

7. 7절을 다시 읽어보고 그 후 고린도후서 12장 9절을 읽어보라. 왜 우리는 우리의 연약함을 “자랑”해야 하는가?

더 깊은 탐구

- 하나님의 영광에 관한 또 다른 성경 본문으로는 출애굽기 24:16; 역대상 16:24; 시편 19:1; 24:7; 86:12; 96:3; 145:5; 이사야 4:2; 6:3; 48:11; 누가복음 2:14; 요한복음 1:14; 13:31; 17:1; 에베소서 3:16; 빌립보서 3:21; 골로새서 3:4; 데살로니가후서 1:10; 베드로후서 4:11; 요한계시록 21:23 등이 있다.

- 개신교 종교개혁의 전투 구호 중 하나는 “쏠리 데오 글로리아

(*soli Deo gloria*)", 곧 "오직 하나님께만 영광을!"이다. 종교개혁자들은 신학과 예배, 그리고 교회 정치에 있어서 사람에게 맞춰져 있던 초점을 근본적으로 하나님께로 다시 돌리고자 했다. 호흡이 있는 모든 것은 사람이 아닌 오직 하나님께만 영광을 돌려야 한다.

- 로마서 1장 23절에서 사도 바울은 죄에 물든 인간이 "썩어지지 아니하는 하나님의 영광을 썩어질 사람의 우상으로 바꾸었느니라"라고 말한다. 사람이 어떻게 하나님의 영광을 우상과 바꿀 수 있는가?

- Christopher W. Morgan and Robert A. Peterson, eds., *The Glory of God* (Wheaton, Ill.: Crossway, 2010); John Piper, *God's Passion for His Glory: Living the Vision of Jonathan Edwards* (Wheaton, Ill.: Crossway, 1998)도 보라.